中职教育"十二五"规划教材·专业基础课系列

进出口贸易实务

Jinchukou Maoyi Shiwu

主编／张岸嫔

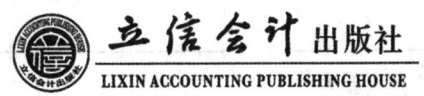

立信会计出版社
LIXIN ACCOUNTING PUBLISHING HOUSE

图书在版编目(CIP)数据

进出口贸易实务 / 张岸嫔主编. —上海：立信会
计出版社，2008.7(2012.1重印)
中职教育"十二五"规划教材. 专业基础课系列
ISBN 978-7-5429-2001-0

Ⅰ.①进… Ⅱ.①张… Ⅲ.①进出口贸易—贸易实务
—中等专业学校—教材 Ⅳ.①F740.4

中国版本图书馆 CIP 数据核字(2011)第 277846 号

策划编辑 赵新民
责任编辑 赵新民
封面设计 周崇文

进出口贸易实务

出版发行	立信会计出版社

地　　址	上海市中山西路 2230 号	邮政编码	200235
电　　话	(021)64411389	传　　真	(021)64411325
网　　址	www. lixinaph. com	电子邮箱	lxaph@sh163. net
网上书店	www. shlx. net	电　　话	(021)64411071
经　　销	各地新华书店		

印　　刷	上海申松立信印刷有限责任公司
开　　本	787 毫米×1092 毫米　1/16
印　　张	11.75
字　　数	280 千字
版　　次	2008 年 6 月第 1 版
印　　次	2012 年 1 月第 2 次
印　　数	3001—5100
书　　号	ISBN 978-7-5429-2001-0/F
定　　价	21.00 元

如有印订差错，请与本社联系调换

前 言
FOREWORD

中国是近年来国际贸易增长中显眼的"亮点",表现为中国不仅在全球贸易总量中的份额和排名不断攀升,而且对全球贸易增量的贡献更为显著。本教材正是根据近年来我国对外贸易发展的需要和国际经济贸易形势的新变化、新特点,结合自身的教学和科研成果编写而成的。

进出口贸易实务又称国际贸易实务,是我国中等职业学校国际商务专业的一门主干专业课程,是学习国际商品交换操作技能的综合性应用课程,也是从事对外贸易人员提高业务能力水平的必修课程。为了适应国际市场竞争的需要,提高中等职业学校国际商务专业学生的应用能力,我们认真研究了新的中等职业学校《进出口贸易实务教学基本要求》,根据最新的进出口贸易惯例的要求,以进出口贸易合同内容为基础,以合同签订及履行的业务操作程序为轴心,设计了本教材的内容体系,力求连贯、实际和直截了当,既务实又系统地反映进出口贸易实务的内容、技术与方法。只讲做什么、怎么做,不进行理论探讨,强化作业性训练内容。

本教材由张岸嫔任主编,林蔚暄任副主编。参编人员的具体分工是:第二、第三章和附录由张岸嫔编写;绪论、第一、第八章由林蔚暄编写;第五、第六章由成晓丽编写;第四、第九章由刘伟玲编写;第七章由杜鹃编写,最后由张岸嫔负责统稿。

由于编者水平有限,经验不足,书中难免有一些疏漏,敬请专家和读者批评指正。

编 者

目 录
CONTENTS

绪　论

进出口贸易实务是一门研究有关国际货物买卖实际业务的课程。通过本课程的学习,学生可以初步掌握进出口贸易的基本理论知识和基本技能,以便将来能够遵照法律规范和国际贸易惯例,结合我国的实际和企业的经营意图进行进出口业务活动。

2001 年 12 月 11 日,中国成为世界贸易组织(WTO)的第 143 个成员国。中国加入WTO 以后,由于成员国之间要遵循最惠国待遇、国民待遇等原则,因此,我国的国际市场环境不断优化,国际贸易发展迅速,贸易质量进一步得到了提高。中国的对外开放进入了一个新的阶段,中国将在更大范围和更深程度上参与国际经济合作和竞争,继续与世界各国共同发展繁荣。加入 WTO 也意味着我国的对外贸易活动必须按国际贸易的"游戏规则"进行,因而,我们对国际贸易的惯例、国际法规和国际竞争规则都要有充分地掌握和理解。

第一节　进出口贸易实务的概念

一、什么是进出口贸易实务

进出口贸易实务,又称国际贸易实务或进出口业务,它专门研究商品跨国交易的理论、惯例、业务操作方法和技巧。随着中国经济国际化的发展,销售人员、生产管理人员、各类服务贸易机构的工作人员等都必须掌握相关的进出口贸易实务知识。

按传统的定义,进出口贸易仅指货物的进出口。发展到今天,其业务范围已经扩大到包括货物进出口、技术进出口、服务进出口等多项内容的综合贸易业务。进出口贸易实务是紧密结合国际经济贸易实践发展起来的业务。但是,无论在我国还是在国际上,货物买卖(有形贸易)仍然是进出口贸易中最基本、最主要的部分。而且,有关技术转让与各种服务贸易的业务做法,不少也是从货物买卖的基本做法中演变而来的,有的甚至还直接沿袭货物买卖的基本做法。所以,有关国际货物买卖的基本理论、基本知识和业务流程,都是必须要掌握的。

二、进出口贸易实务课程的主要内容

进出口贸易实务是一门实践性、技术性、操作性、实用性很强的课程,主要包括以下几

项内容:

(1) 贸易术语:常用贸易术语、贸易术语的选用。

(2) 进出口贸易合同条款:进出口贸易合同的主要条款,包括品质、数量、包装、价格、装运、保险、支付;进出口贸易合同的一般条款,包括检验、索赔、不可抗力、仲裁。

(3) 进出口贸易合同的商定与履行:进出口贸易合同的磋商与订立、出口合同的履行、进口合同的履行。

(4) 与进出口贸易有关的主要法律法规、国际条约、国际惯例:联合国国际货物销售合同公约、2000年国际贸易术语解释通则、跟单信用证统一惯例、托收统一规则、中华人民共和国合同法。

三、进出口贸易实务课程的学习方法

在学习方法上,要注重课堂学习与操作练习的结合,加强案例分析和实践环节的训练,以提高实际动手能力。

进出口贸易实务是集法规、惯例、理论和理性知识、业务技术和操作方法为一体的课程。所以,在学习的过程中除了基础知识外还要注意以下几个问题。

（一）国际法规和惯例

进出口贸易与国内贸易相比,存在着不同的市场环境因素。因此,会产生对相同的业务方法理解不同的问题。为了保证业务操作的公平性和公正性,在进行业务操作时,必须以国际法规和惯例为原则。目前,进出口贸易实务中经常应用的国际法规和惯例主要有:《联合国国际货物销售合同公约》、《跟单信用证统一惯例》、《托收统一规则》、《2000年国际贸易术语解释通则》、《中华人民共和国合同法》等。

（二）相关知识

进出口贸易实务是国际间经济活动的核心环节,它也是一种涉及面广泛的业务实践。可以说,从原材料的采购业务到产品的销售和售后服务业务的全过程,都与进出口贸易实务息息相关。

尽管一个人所从事的进出口贸易实务工作可能集中于其中的某一个环节。但是,如果不了解该环节与其他环节之间的联系,以及其他环节的主要功能、发展水平等,就不可能真正做好该环节的工作。比如,从事商品出口工作的业务人员,应该掌握一些这种商品的生产工艺等生产知识,也应该了解这种商品的性能知识。另外,进出口贸易实务与很多学科都会有较密切的联系,其操作过程会因为其他学科的发展而获得改进,也可能成为其他学科发展的重要载体,如电子商务、物流、金融、市场营销等学科。

（三）结合实践

进出口贸易实务是一门实践性很强的课程。因此,在学习过程中应该紧密结合贸易操作实践,在课堂教学的基础上进行社会实践和教学实训。比如,到贸易公司、报关企业、生产企业等单位,向业务人员学习有关理论与实践知识;也可以到国际贸易商品展览会去实习。根据教学环节的需要,也可以利用教学软件进行贸易模拟操作实训。

第二节　进出口贸易的特点和适用的法津

一、进出口贸易的特点

进出口贸易是国家(地区)与国家(地区)之间的商品交换。进出口贸易与国内贸易相比,虽然都属商品交换范畴,但由于进出口贸易是在国家(地区)与国家(地区)之间进行的,所以更具有国际性、复杂性、风险性,当然也更具有挑战性。

由于进出口贸易涉及不同国家或地区,在法律体系方面可能存在差异和冲突,还可能受到有关国家或地区对外贸易法律、政策、措施以及外汇管制等方面的制约,其所涉及的问题和范围远比国内贸易复杂。

进出口贸易的交易数量和金额通常都比较大;从合同的商寂开始,一直到最后合同的履行,间隔时间往往比较长;货物由出口国到进口国大都需要经过长途运输,有的还需要使用多种运输方式才能完成。因此,买卖双方在交易过程中承担的商业风险、信用风险、商品风险、运输风险等也比国内贸易大得多。

进出口贸易还会受到交易双方所在国家政治、经济以及其他客观条件的影响,因而较国内贸易具有更大的不稳定性。尤其是在当前国际局势动荡不定,市场竞争日益激烈,贸易摩擦时有发生,各国货币汇率浮动频繁,货价经常波动,经济、金融危机难以准确预测的背景下,买卖双方在交易过程中所承担的政治风险、价格风险、行情风险、汇兑风险等大大超过了国内贸易。

进出口贸易地域广、期限长、中间环节多。具体来说,进出口贸易的每笔交易除了买卖双方之外,通常还需要得到国内外的运输、保险、海关、检验与检疫、银行、政府机关等部门的协作与配合,或接受其监督与管理。关系错综复杂,稍有不慎就可能造成损失或引起纠纷,以致提交仲裁或司法诉讼,从而影响交易的完成与合同的履行。

因为从事进出口贸易的难度大、要求高,加之国际市场广阔,从业机构和人员的情况复杂,所以非常容易产生争议或出现欺诈现象。受骗上当甚至蒙受严重经济损失的情况屡见不鲜,这就要求从事进出口贸易的人员,不仅必须掌握进出口贸易的基本原理和基本政策,而且还要掌握进出口贸易的基本知识和基本技能,提高整体素质,特别是要掌握国际市场的动态变化,并且善于随机应变,这样才能在进出口贸易市场上立于不败之地。

二、进出口贸易合同适用的法律

进出口贸易活动不仅是进行货物买卖的商业行为,而且是一种我国企业与国外客户双方的法律行为。进出口贸易合同不仅体现了双方的经济关系,也包含了双方的法律关系。因此,当事人的权利和义务要得到法律的保护并受法律的监督和约束,双方签订的合同必须是符合法律规范的合同。进出口贸易合同适用的法律,概括起来有以下三种。

（一）国内法

国内法是指由国家制定或认可并在本国主权管辖范围内生效的法律。进出口贸易合同必须符合国内法，即符合某个国家制定或认可的法律。

例如，按照我国法律订立合同，包括涉外合同都必须遵守中华人民共和国法律，由于进出口贸易合同的当事人所在的国家不同，他们各自又都要遵守所在国的国内法，而不同的国家往往对同一问题的有关法律规定不一致，因而一旦发生争议引起诉讼时，就会产生究竟应适用何国法律，即以何国法律处理争议的问题。我国企业只要与国外当事人达成协议，可在合同中选择处理合同争议所适用的法律，如既可选择按我国法律，也可选择按对方所在国法律，或双方同意的第三国法律，或有关的国际条约来处理合同的争议。如果当事人未在合同中作出选择，当发生争议时，只能由受理合同争议的法院或仲裁机构依照法院或仲裁机构视交易具体情况认定的"与合同有最密切联系的国家"的法律进行处理。

（二）国际条约

进出口贸易合同的订立和履行必须符合当事人所在国缔结或参加的与合同有关的双边或多边的国际条约。国际条约是两个或两个以上主权国家为确定彼此在政治、经济、贸易、文化、军事等方面的权利和义务而缔结的诸如公约、协定、议定书等各种协议的总称。目前与我国对外贸易有关的国际条约，主要是我国与其他国家缔结的双边或多边的贸易协定、支付协定，以及我国缔结或参加的有关国际贸易、海运、陆运、空运、工业产权、知识产权、仲裁等方面的协定或公约。其中，自1988年1月1日起正式生效的《联合国国际货物销售合同公约》是与我国进行货物进出口贸易关系最密切，也是最重要的一项国际公约。该公约共101条，分4个部分，包括适用范围和总则、合同的订立、货物销售和最后条款。我国是最早加入该公约的缔约国之一。我国政府曾派遣代表参加了1980年的维也纳会议，为公约的定稿和通过作出了一定的贡献。在1986年12月11日核准该公约时，我国曾根据该条约第95条和第96条的规定，对该公约的适用范围和合同形式作出了保留。

（三）国际贸易惯例

国际贸易惯例也是进出口贸易合同应当遵循的重要的法律规范。国际贸易惯例是国际贸易法的主要渊源之一，是指在国际贸易的长期实践中逐渐形成的一些有较为明确和固定内容的贸易习惯和一般做法。国际贸易惯例通常是由国际性的组织或商业团体制定的有关国际贸易的成文的通则、准则和规则。

例如，国际商会制定的《国际贸易术语解释通则》、《跟单信用证统一惯例（UCP600）》、《跟单备用信用证惯例》和《托收统一规则》就是被世界上绝大多数国家的贸易商和银行广泛使用的国际贸易惯例。

虽然国际贸易惯例不是法律，对合同当事人没有普遍的强制性，只有当事人在合同中规定加以采用时，才对合同当事人有法律约束力。但是，国际贸易惯例可以弥补法律的空缺和立法的不足，起到稳定当事人经济关系和法律关系的作用。必须指出的是，由于国际贸易惯例不是法律，对当事人无普遍的强制性，所以当事人在采用时，可以对其中的某项或某几项具体内容进行更改或补充。如果当事人在进出口贸易合同中作出了与国际贸易惯例不符的规定，在解释合同当事人义务时应以合同规定为准。

第三节　进出口贸易合同的基本内容和
进出口贸易的基本业务程序

一、进出口贸易合同的基本内容

进出口贸易合同是营业地在不同国家的当事人之间为买卖一定货物所达成的协议,是当事人双方各自履行约定义务的依据,也是一旦发生违约行为时,进行补救、处理争议的法律文件。为此,一项有效的合同必须具备必要的内容,否则就会使当事人在履行义务、进行违约补救或处理争议时遇到困难。有些内容,如未作规定,还会导致合同无效。一般说来,进出口贸易合同应具备以下五个方面的基本内容:

(1) 合同的标的,主要包括货物的名称、质量、数量和包装。

(2) 货物的价格,通常包括货物的单价和总价,或确定价格的方法,有时还规定有关价格调整的条款。

(3) 卖方的义务,主要是何时何地以何种方式交付符合合同规定的货物,如何移交与货物有关的单据和转移货物的所有权等。

(4) 买方的义务,主要是何时以何种方式支付货款和收取货物。

(5) 争议的预防与处理,主要包括商品检验检疫、索赔、不可抗力和仲裁等事项的规定。

二、进出口贸易的基本业务程序

在进出口贸易中,由于交易方式和成交条件不同,其业务环节也不尽相同。但是,不论进口或出口交易,一般都包括交易前的准备、商定合同和履行合同三个阶段。交易前的准备阶段是商定合同能否顺利进行的保证,也是履行合同的基础;商定合同是能否达成协议和确定双方权利、义务与责任的关键阶段;履行合同则是买卖双方按照合同条款履行自己的权利和义务。

(一) 出口贸易的基本业务程序

(1) 出口交易前的准备工作,主要包括国情调研、商品市场调研、客户调研、制定出口商品经营方案或价格方案;落实货源;制定出口商品生产计划;开展广告宣传;选定客户和建立业务关系。

(2) 出口交易磋商和合同订立。在做好上述准备工作之后,从事交易的各方需与对方通过当面谈判、交换函电或电子数据交换等方式,就合同条件进行磋商,一般要经过询盘、发盘、还盘、接受等环节。当一方的发盘被另一方接受后,交易即告达成,合同宣告订立。合同条款的内容包括商品品名、品质、数量、包装、价格、装运、支付方式、商品检验检疫、索赔、不可抗力和争议的处理办法等。

(3) 出口合同的履行。出口合同订立后,交易双方就要根据重合同、守信用的原则,履行各自承担的义务。如按 CIF 或 CIP 条件和凭信用证付款方式达成的交易,卖方在履行出口合同过程中主要完成下列各环节的工作:备货、催证、审证、托运、报关、装运、制单结汇。

（二）进口贸易的基本业务程序

（1）进口交易磋商和合同订立。其做法与出口贸易基本相同,但应做好价格比较工作,以便在与外商谈判中争取到对己方最有利的条件。

（2）签署合同或购货确认书。

（3）进口合同的履行。买方履行合同的程序一般包括开立信用证、租船订舱(CIF 或 CFR 价)、保险、审单、付款、买汇赎单、货到后报关(交纳关税)、商检、提货或拨交、验收、索赔。

第一章 商品的品名、品质、数量与包装

 **学习目的**

1. 掌握进出口贸易合同中订立品名和品质条款的重要性和基本方法
2. 掌握数量条款的计量单位、溢短装条款及订立方法
3. 学习包装的类型及作用、包装标志、定牌和中性包装
4. 掌握包装条款包含的基本内容

在进出口贸易中,交易的每种商品都有其具体的名称,并表现为一定的品质。每笔进出口商品交易都要规定一定的数量,而交易的大多数商品,通常都需要有适当的包装。商品的品名、品质、数量与包装都是贸易合同中的主要条款或交易中必不可少的条件。因此,买卖双方交易蹉商时,必须就这些主要交易条件谈妥,并在合同中作出明确具体的规定。

第一节 商品的品名

商品的品名(name of commodity)是指能使某种商品区别于其他商品的一种称呼或概念,它在一定程度上体现了商品的自然属性、用途以及主要的性能特征。

一、列明品名的意义

进出口贸易同国内贸易不同。在进出口贸易中,看货成交,一手交钱、一手接货的情况极少。进出口贸易从订立合同到交付货物往往需要相隔一段较长的时间。而且,在很多情况下,交易双方在交易磋商和合同订立时,并没有见到具体的商品,一般只是凭借对将要进行买卖的商品作必要的描述来确定交易的标的。于是,在进出口贸易合同中,商品

的品名,就成为必不可少的条件。

按照有关的法律和惯例,对交易标的物的描述,是构成商品说明(description)的一个主要组成部分,是买卖双方交接货物的一项基本依据,它关系到买卖双方的权利和义务。若卖方交付的货物不符合约定的品名或说明,买方有权提出损害赔偿要求,直至拒收货物或撤销合同。因此,列明合同标的物的具体名称,具有重要的法律和实践意义。

另外,品名还是根据《商品名称及编码协调制度》(H. S)计算关税税费以及计算储存、运输等相关费用的依据,并能影响最终交易的价格等。

二、品名条款的内容

进出口贸易合同中的品名条款的规定并无统一的格式,可由交易双方酌情商定。

（一）单独订立

合同中的品名条款一般比较简单,通常都是在"商品名称"或"品名"的标题下,列明交易双方成交商品的名称。如花生、铁钉等。有时为了省略起见,也可不加标题,只在合同的开头部分,列明交易双方同意买卖某种商品的文句。

（二）结合品质共同订立

品名条款的规定还取决于成交商品的品种和特点。就一般商品来说,有时只要列明商品的名称即可。但有的商品,往往具有不同的品种、等级和型号。因此,为了明确起见,也可以把有关具体品种、等级或型号的概括性描述包括进去,作进一步限定。此外,有的甚至把商品的品质、规格也包括进去,在此情况下,它就不单是品名条款,而是品名条款与品质条款的合并。如东北大米,特级。

三、确定品名的方法

确定商品名称常见的方法有:以商品的主要用途命名,如收音机、电视机、杀虫剂等;以商品的主要成分命名,如橡木家具、薄荷糖、钻石手表等;以商品的主要原材料命名,如羊毛衫、玻璃杯、塑料桶等;以商品的外观造型命名,如喇叭裤、蝙蝠衫等。除此之外,还有以商品的制作工艺命名、以人物或产地命名等方法。

四、规定品名条款的注意事项

进出口贸易合同中的品名条款是合同中的主要条件。因此,在规定此项条款时,应注意下列事项:

(1) 必须明确、具体。表达条款内容时,必须能确切反映交易标的物的特点,避免空泛、笼统的规定,以便于合同的履行。

(2) 针对商品实际作出实事求是的规定。条款中规定的品名,必须是卖方能够供应而买方所需要的商品,凡做不到或不必要的描述性词句,都不应列入,以免给履行合同带来困难。

(3) 尽可能使用国际上通用的名称。有些商品的名称,各地叫法不一,为了避免误解,应尽可能使用国际上通行的称呼。若使用地方性的名称,交易双方应事先就其含义取得共识,对于某些新商品的定名及其译名,应力求准确、易懂,并符合国际上的习惯称呼。

>>>>>>> --

（4）注意选用合适的品名。商品的名称看似只是一种商品的叫法，但品名是否科学、合理，会直接影响消费者的消费心理，诱发或削弱消费者的购买欲望。有些商品具有不同的名称，因而存在着同一商品因名称不同而交付关税和班轮运费不一的现象，且其所受的进出口限制也不同。因此，要注意品名与进口国的关税、进口限制及品名与运费、仓储费的关系。为了减低关税、方便进出口和节省运费开支，在确定合同的品名时，应当选用对我方有利的名称。

第二节　商　品　的　品　质

商品的品质（quality）是指商品的内在质量和外观形态的综合。商品的内在质量是指商品内在的物理构造、化学成分、机械性能和生物特征等需借助各种仪器设备分析才能获得的技术指标；商品的外观形态主要是指商品的外形、款式、颜色、光泽、香气度、软硬度、长度、透明度等通过感官可感觉到的特征。

一、商品品质的重要性

品质是构成商品说明的重要组成部分，是买卖双方交接货物的依据。

在进出口贸易中，对于出口商而言，商品的品质直接影响其出口定价的高低、市场销路的宽窄，直接关系到出口国的国家形象。在贸易摩擦加剧时，可能还会影响到产品能否顺利进入目标市场。对于进口商而言，进口商品的质量则关系到它的使用功能，因而影响其销量；进口商品的质量会影响其加工成品或工程的质量，从而影响该国的经济建设；如果是消费品，甚至可能关系到消费者的生命安全。在国际市场的激烈竞争中，各国厂商都把提高商品品质作为加强对外竞争的重要手段。近年来，各国消费者对商品品质的要求已越来越高，光靠低廉的价格已不能达到扩大销售的目的，只有切实加强商品的质量管理，根据国外消费者的需求，不断提高商品品质，增加花色品种，改进商品款式，努力做到产品适销对路，才能开拓和巩固国外市场，做到以质取胜。此外，在当今贸易保护主义盛行、各国纷纷采取进口配额等措施限制进口的情况下，提高出口产品档次，促进产品的升级换代，也是突破配额限制、增加出口收汇的重要途径。

二、商品品质的规定方法

在进出口贸易合同中，商品的品质条款是买卖双方交接货物的品质依据。如发生所交货物的品质与合同规定不符时，卖方要承担违反合同的法律责任，买方有权对因此而受到的损失向卖方提出赔偿要求或解除合同。因此，在交易磋商和合同订立时，都应正确掌握和订明品质条款。

在进出口贸易中，表示商品品质的方法基本上分为两大类：一是用文字说明来表示；二是以实物样品来表示。至于在具体业务中应以何种方式表示，则必须根据商品种类、特性,交易习惯及交易磋商的方式而定。

（一）用文字说明表示的方法

在进出口贸易中,大部分商品适用以文字说明来表示品质,尤其是工业品无法用样品来确定商品品质,只能用文字说明表示,因而可采用"凭文字说明销售"(sale by description)的方法。具体又可分为下列几种。

1. 凭规格买卖

商品的规格(specification)是指一些能反映商品品质的主要指标,如成分、含量、纯度、容量、尺寸、重量等。不同种类的商品,表示其质量的指标也不同。

凭规格买卖(sale by specification),因其方法简便、描述品质准确而在国际贸易中应用最为广泛。

【例 1-1】China Northeast bean 中国东北大豆

Moisture(max)15%　　水分(最高)15%

Oil content(min)17%　　含油量(最低)17%

Impurity(max)1%　　杂质(最高)1%

Admixture(max)9%　　不完善粒(最高)9%

2. 凭等级买卖

商品的等级(grade)是指同一类商品,根据长期生产及贸易实践,按其品质的差异或重量、成分、外观、效能等的不同,用文字(如大、中、小)、数字(如一、二、三)或符号(如 A、B、C)所作的分类。

一般而言,一种商品的每一等级都有相对固定的规格,只需等级明确,即可了解所要买卖的商品的品质,无需再列明等级品质的具体规格。而如果买卖双方对等级理解有差异时,就必须列明每一等级的规格。

凭等级买卖(sale by grade)可以更好地满足各种不同层次消费的需求,有利于安排生产和加工整理工作的进行。例如,皮蛋按其重量、大小分为奎、排、特、顶、大五级。钨砂按其含三氧化钨、锡等成分的不同,划分为特级、一级和二级。

【例 1-2】Chinese green tea 中国绿茶

Special chunmee special grade Art N041022　　特珍眉　特级　货号 41022

Special chunmee grade 1　　　　Art N09317　　特珍眉　1级　货号 9317

Special chunmee grade 2　　　　Art N09307　　特珍眉　2级　货号 9307

3. 凭标准买卖

商品的标准(standard)是指政府机关或商业团体统一制定和公布的标准化了的品质指标。在进出口贸易中,人们也经常使用有关部门公布的某项标准作为说明和评定卖方交货质量的依据。对一些已经有了被广泛接受的标准的商品,一般是倾向于按该项标准进行交易,不另订规定。凭标准买卖(sale by standard)的好处是手续简易,由于每个标准都代表一定的品质,一般只需列明标准的名称和等级即可。

【例 1-3】Rifampicin B. P. 1993 利福平英国药典 1993 年版

商品的标准除由国家政府机构和国际上的标准化组织颁布外,有的是由有关的行业公会、贸易协会或商品交易所制定的。由于各国的标准常随生产技术的发展和情况的变化而变化,所以,同一国家颁布的某类商品的标准往往就有不同年份的版本。版本不同,品质标准的内容也不尽相同。因此,在援引标准时,应标明援引标准的版本年份。另外,要注意有些标准的强制性。目前世界上的各种标准有一些是有约束性的,品质不符合标准要求的商品,不得进口或出口。例如,销往美国、加拿大的电器产品,必须符合美国保险人公会(Underwriter Laboratories Inc, UL)下的检验机构规定的认证标准。

商品的标准按制定部门的所辖范围不同,一般可以分为以下几类:

(1) 企业标准,即一个企业范围内的标准,它只对该企业的产品质量有效。

(2) 团体或行业标准,即某一团体或行业制定的标准,它局限于相应行业。如美国材料试验协会(ASTM)标准。

(3) 国家标准,即由国家制定的标准,它限于该国使用。如法国国家标准(NF)。

(4) 区域标准,即由区域标准化组织制定的标准。如欧洲标准化委员会(CEN)制定的标准。

(5) 国际标准,即由国际性机构制定的标准。如国际标准化组织(ISO)制定的标准。

一般来说,许多商品既有国家规定的国家标准,也有政府部门规定的部颁标准。在进行这些商品的贸易时,当然可根据这些标准进行买卖。但是,为了扩大进出口,增加产品在国际市场上的适销程度,应根据需要和可能,尽量采用国际上通行的标准。

在国际市场上买卖农副产品时,还有一种常见的"标准",即良好平均品质(fair average quality, FAQ),习惯上称作大路货,以与精选货(selected goods)相对而言。按照一些国家的解释,良好平均品质是指一定时期内某地出口商品的平均品质水平。具体做法是:通常由装货地有关行业的权威机构就该季节出口的各批货物中,抽出一部分样品予以混合调配,以此代表该季节的平均品质。所以,在使用 FAQ 标准时,应注明"当年收获"或"某年产品"的良好平均品质。实际交货品质如高于或低于该标准者,则按比例增减价。

目前,我国对某些农副产品也使用 FAQ 来表示品质,其品质标准一般是以我国产区当年生产该项农副产品的平均品质为依据而确定的。这种"标准"含义非常笼统,实际上并不代表固定、确切的品质规格。在使用这种方法时,除在合同中注明"FAQ"字样外,通常还订明该商品的主要规格指标。至于有的合同只用"FAQ",不订明具体规格,则只是为了简化,适用于交易双方事先有协议或者对方是老客户,因其有习惯的共同理解。但这种简化做法,容易引起纠纷,在一般情况下应避免使用。

【例 1－4】中国花生仁　　　　　良好平均品质

水分　　　　　　　　　不超过 13%

不完善粒　　　　　　　最高 5%

含油量　　　　　　　　最低 44%

Chinese groundnut　　FAQ

Moisture(max)　　　　13%

Admixture(max)　　　　5%

Oil Content(min)　　　44%

【例1-5】巴西大豆　　　　　1998年新产　　　良好平均品质
　　　　　　Brazilian soybean　　1998 new crop　　FAQ

国外买卖木材和冷冻鱼虾等水产品时，有时采用上好可销品质（good merchantable quality，GMQ）标准。所谓上好可销品质是指卖方只需保证其交付的货物品质良好，适合商销，而在成交时无需以其他方式去说明商品的具体品质。一般用于无法以样品或国际公认的标准来检验的产品。如木材、冷冻鱼虾等。交货后如发生品质争议，通常由同业公会聘请专家以仲裁方式解决。由于这种货物品质的规定方法含义不清，比较笼统，很容易引起争执。因此，我国一般不采用这种方法。

4. 凭商标或牌名买卖

商标（trademark）是商品的一种标志，一般由文字、记号、图案或它们的组合所构成，它是区别生产或经营的同类产品并代表其商品品质的标志。牌名（brand）是指企业给其制造或销售的商品所冠的名称，以便与其他企业的同类产品区别开来。

凭商标或牌名买卖（sale by trademark or brand）有助于购买者识别产品。一般对在国际市场上行销已久、品质稳定、信誉良好并为买主所熟悉的产品，可凭商标或牌名进行交易。因为这些商品的商标或牌名已能代表一定的品质。如航空牌羽毛球、白猫牌洗衣粉、红双喜乒乓器材等。

有时买方在熟知卖方所提供的商品品质的情况下，要求在卖方的商品包装上使用买方指定的商标或牌名，这就是通常讲的定牌。采用定牌的做法，可以有效地利用买方（包括大百货公司、超级市场和专业商店）的经营能力和其企业的商誉或名牌声誉，以扩大商品的销量和提高商品的售价。必须指出的是，使用买方的定牌并不意味着以商标或牌名表示商品品质，而是在以规格、等级、标准或其他的方法表示商品品质时，或是在交易双方对商品品质有了一致认识的基础上，对商标或牌名所做的灵活规定。

5. 凭产地名称买卖

凭产地名称买卖（sale by name of origin）是凭商品的产地即可表明其特有品质的做法。因为有些商品，特别是农副产品，由于产地的自然条件、传统加工工艺等因素的影响，在品质上有其他地区所不具备的特色，在国际上享有盛誉。如青岛啤酒、法国香水、龙口粉丝、四川榨菜等。

6. 凭说明书和图样买卖

凭说明书和图样买卖（sale by description）是指用文字并辅以图样、照片、图纸等来说明商品的规格、性能、质量的方法。进出口贸易中，一些技术含量较高、结构和性能较复杂的工业品，如机器、电器、仪表仪器、成套设备等，无法用样品或几项简单的指标来代表品质的全貌，在对外销售这类商品时，就需凭说明书和图样来具体表示该商品的品质。

在实务中，究竟采用何种方式规定成交商品的品质，要根据商品的特性、市场交易习惯等，要从有利于扩大出口、维护自身利益的角度来合理选择。

（二）以实物表示成交商品的品质

在进出口贸易实务中，有些商品由于其本身的特点，难以用文字来说明品质，因而需要用实物来表示。我国出口贸易实务中，有部分工艺品、服装、轻工业品和土特产品采用凭实物或样品买卖。

1. 以现货表示商品品质

这是指由买方或其代理人在卖方存货的地方查验货物,如果买方认定该批货物符合其品质要求,双方即成交,也称看货买卖。卖方交货时只要按验看过的商品品质交货,买方不得对该品质提出异议。在进出口贸易中,有一些商品由于它们独特的性质,既无法用文字概括它的品质,也没有完全相同的样品可作为磋商交易、订立合同和交接货物的依据。对此,买卖双方只能看货洽谈交易,如珠宝首饰、特定工艺制品(如牙雕、玉雕)、书画等。

2. 以样品表示商品品质

以现货表示商品品质的方法是最原始的一种方法。随着国际贸易在全球展开,看货买卖的局限性日益显露,以样品表示商品品质的方法逐步取而代之。

所谓样品是指少量足以反映和代表整批货物品质的实物,它们通常是从一批商品中抽取出来,或者是由生产部门设计、加工出来的。以样品表示商品品质,也称凭样买卖,就是买卖双方约定,样品的品质作为成交商品品质的依据。在凭样品销售时,一般都由卖方选择样品寄往买方凭以成交。这种交易称为凭卖方样品买卖(sale by seller's sample)。有时,买方要求按他们提供的样品成交,这种交易称为凭买方样品买卖(sale by buyer's sample)。在我国进出口贸易实务中亦称"来样成交"或"来样制作"。

无论是凭卖方样品还是凭买方样品达成的交易,合同一经订立,凭以成交的样品就成为履行合同时双方交接货物的品质依据,卖方须承担所交货物的品质与该样品一致的责任。如交货品质与样品不符,买方即有权提出索赔或拒收,这是凭样品买卖的基本特点。

(1)凭卖方样品买卖。卖方样品是指在交易中由卖方向买方提供的样品。凭卖方样品买卖就是一旦买方认可卖方样品的品质标准,即以此作为将来卖方成批交货品质的依据。

由此可以看出此种贸易方式下卖方样品的重要性。在进出口贸易实务中,卖方切不可掉以轻心,应注意以下几点:

第一,卖方所提供的样品必须是有充分代表性的代表性样品(representative sample),样品品质过高,会给以后交货带来困难;品质过低,则影响出口,或被压低成交价格。

第二,卖方在提供样品(原样)时,必须留有复样(duplicate sample),以备将来组织生产、交货或处理品质纠纷时作核对之用。在寄出的样品和留存的复样上均应编上相同的号码,以便日后函电联系。对复样还要留存的复样应妥善保管,保证在规定的复验期内不改变其品质。

第三,要注意参考样品与标准样品的区别。有时,为了增进买方对出口商品的了解,卖方会给买方寄送样品,但这只是为了介绍商品。因此寄送时必须注明"参考样品,仅供参考",以避免买方将此样品与标准样品混淆。

(2)凭买方样品买卖。买方样品是指在交易中买方向卖方提供的样品。凭买方样品买卖就是一旦卖方确认买方样品的品质标准,它就作为将来成交商品的品质依据。在这

种贸易方式下,卖方同样要注意一些问题:

第一,对买方样品的确认要慎重。卖方必须充分考虑所需特定商品生产的原材料、设备、加工技术和生产安排的可能性,不能急于成交、盲目签约。为了争取主动,防止日后交货困难,最好的办法是先按买方来样复制或选择品质相近的样品,即回样(return sample)或称对等样品(counter sample)寄交买方,在得到其确认后就等于把凭买方样品买卖转变为凭卖方样品买卖了。

第二,对买方来样要注意防止卷入侵权纠纷。在进出口贸易实务中,卖方往往无法或无力调查买方来样是否侵权(如商标权等)。为保险起见,在凭买方样品买卖时,一般还应声明或在合同中订明,如果发生由来样引起的工业产权等第三者权利问题,与卖方无涉,概由买方负责。

第三,对于凭买方样品买卖或是某些在制造技术上确有困难,很难做到货、样一致的商品,可以在合同中特别订明一些弹性品质条款,如品质与样品大体相同(quality to be about equal to the sample)。

在凭样品买卖中,无论是凭卖方样品还是凭买方样品买卖,按《联合国国际货物销售合同公约》的规定,卖方应保证所交货物应与样品品质一致。

为避免在履约过程中发生品质纠纷,双方可采用封样(sealed sample),即由双方确认的第三方或公证机构(如商品检验局)在一批商品中抽取同样品质的样品若干份,在每份样品上烫上火漆或铅封,并由封存机关留存起来备案。封样也可由发样人自封或由买卖双方会同加封。

以上几种规定品质的方法是进出口贸易中通常使用的方法,它们既可以单独使用,也可以几种结合在一起使用。在用文字说明表示品质时,卖方有时也给买方寄一些参考样品(reference sample),以使买方对卖方商品品质有较多的了解。但这与凭样品销售有区别,因为这种参考样品只是作为宣传介绍之用,仅供买方决定购买时参考,不作为交货时的品质依据。为避免误解,在对外寄送这种样品时,应加注"仅供参考"(for reference only)字样。当然,卖方在选送参考样品时也要注意与今后出口货物的品质接近或大体上一致,否则就失去参考意义了。

三、进出口贸易合同中的品名质量条款

商品的品名质量是构成商品说明的重要部分,是买卖双方交接货物的依据。《联合国国际货物销售合同公约》规定,卖方交付的货物,必须符合合同规定,否则买方有权根据卖方违约的程度,主张损害赔偿、补救以致拒收货物和宣告合同无效。可见,合同中的品质条款是非常重要的。在订立合同的品质条款时,要力求明确具体,避免笼统含糊,切忌使用含义不清的用语,质量的规定要切合实际,做到优质优价。

(一)品名质量条款的基本内容

品名质量条款的内容与规定商品品质的方法有关。在凭样品买卖时,合同中要列明成交商品的品名、样品编号或寄送日期,有时也附列简要的规格;在凭文字买卖时,应根据不同的具体方式,在合同中明确商品的品名、规格或等级、标准、商标牌名、产地名称等内

容;在凭说明书和图样买卖时,要注明说明书、图样的名称、份数等内容。

【例1-6】棉坯布,30 支×36 支　72×69　38 英寸×121.5 码

Cotton Grey Shirting,30 s×36 s　72×69　38″×121.5 yds

（二）订立品质条款应注意的问题

1. 对某些特殊商品要规定品质机动幅度

在进出口贸易实务中,卖方由于种种难以控制的原因,如商品特性、生产加工条件、运输条件和气候等因素的影响,致使交货品质与合同规定不完全相符的现象时有发生,有的甚至是难以避免的。为了照顾这种实际情况,使交易得以顺利进行,对于制成品的交易常可以规定品质机动幅度,即允许卖方所交货的品质有一定合理的误差。例如,尺码或重量允许有±3%～5%的合理公差,幅阔35～36英寸。在公差范围内,买方不得拒收,也不得要求调整。具体规定方法如下:

（1）规定机动范围。即允许卖方交货的品质有一定范围的差异。例如,"漂布,幅阔35/36英寸",即卖方交付的漂布,幅阔只要在35～36英寸之内,买方均不能拒收。

（2）规定机动的极限。即规定卖方所交货物品质规格的上下极限。卖方交货的品质只要在此极限内,就符合了品质规定。例如,"薄荷油,薄荷含量最少为50%"。

（3）规定机动的上下差异。即允许卖方所交货物的品质在一定指标的基础上上下波动的范围。例如,"灰鸭毛,含绒量18%,上下1%"。

对某些工业品的交易,一般用品质公差(国际上公认的允许产品品质出现的误差)来表示品质机动。例如,"××牌手表,允许48小时误差1秒"。

在品质机动幅度内的商品,一般仍按合同价格计算。有些价格较高、成交量大的商品也可在合同中规定按交货的实际品质加价或减价。例如,"芝麻,含油量52%,允许有1%的差异,价格按实际交货品质增减1%"。

2. 正确采用品质的规定方法

在贸易实务中,买卖双方在确定采用牌号或地名买卖后,往往还订立具体的规格等级。这时,卖方交货就必须符合规格等级指标。原则上,凡是能用一种方法表示商品品质的,就不要采用两种以上的方法表示,以免增加生产和交货的困难。

3. 品质指标的确定要切合实际

（1）凡是能够明确交易商品品质的,品质条款就应规定明确具体,不要使用笼统的、不确切的词语。

（2）要防止把品质规定过高、过低、过繁。规定过高,超过实际生产能力,势必造成履约困难;规定过低,不但影响售价,还会影响成交和销售量;过繁,则给自己束缚太多,也会增加生产和交货困难。

4. 品质条款一般包括品名和品质两部分

品名应确切,中外文译名必须一致。对植物类商品,最好冠以学名。品质部分包括规格、等级和标准等。规格指标不宜过多、过高。等级要明确,标准要具体,并注明版本年份。对进口的机器设备规格要作详细规定,既要保证先进性,又要注意适用性。

第三节 商品的数量

商品的数量是以一定度量衡表示的重量、个数、长度、面积、体积、容积的量。在进出口贸易中,买卖双方以一定数量的货物与一定金额的货款互换,构成一笔交易。买卖双方必须事先约定买卖商品的数量,以作为合同履行的依据。

商品数量是计算单价、总金额的重要依据。卖方在确定出口数量时,不能只考虑扩大销售量,还必须注意了解商品的生产、供应能力、目标市场的实际需要和销售情况、买方的资信和经营能力以及运输条件等。买方在商定进口商品数量时,也必须了解当地的实际需求及其变化状况,考虑支付能力等。买卖双方的交易数量还要受到双方国家的进出口商品管理政策、法规的制约。

在进出口贸易实务中,国际协定对进出口商品数量的交接有明确的规定。《联合国国际货物销售合同公约》第 35 条、第 52 条都规定,按约定数量交付货物是卖方的一项基本义务。如卖方交货数量少于约定数量,应在规定的交货期届满前补交,但不得使买方遭受不合理的不便或承担不合理的开支;同时,买方仍然有保留要求损害赔偿的权利。同样,如卖方交货数量多于约定数量,买方可以拒收多交部分,也可以收取多交部分中的一部分或全部,但仍应按合同价格付款。因此,商品数量是进出口贸易合同中的主要交易条件。

一、数量的计算方法

(一)度量衡制度

在进出口贸易中,商品数量的计量不同于国内贸易,它要受各国度量衡制度的影响。度量衡制度不仅关系到货物的计价基础和卖方交货数量的准确性,有时还涉及商业发票上的计量单位是否符合进口国海关规定问题。因此了解与熟悉不同度量衡制度之间的折算方法是很重要的。目前进出口贸易中常用的度量衡制度有四种:公制(Metric System)、英制(British System)、美制(US System)和国际单位制(International System)。在不同的度量衡制度下,同一计量单位表示的实际数量会有不同,在计算时需要换算。因此,贸易商必须了解和熟悉不同的度量衡制度及其常用计量单位,以便精确计算进出口贸易的商品数量。例如,同为"吨"和"担"的计量单位,在不同的度量衡制度下就有不同的换算值,见表 1-1。

表 1-1 不同度量衡制度下吨和担的换算值

度量衡计量单位吨(T)换算值		度量衡计量单位担(Q)换算值	
公制公吨(M/T)	1 M/T=1 000 kg	公制市担(M/Q)	1 M/Q=50 kg
英制长吨(L/T)	1 L/T=1 016.05 kg	英制英担(L/Q)	1 L/Q=50.80 kg
美制短吨(S/T)	1S/T=907.2 kg	美制美担(S/Q)	1 S/Q=45.36 kg

我国的基本计量制度是公制,在此基础上,逐步形成国际单位制。根据中华人民共和国第六届全国人民代表大会常务委员会第十二次会议通过的《中华人民共和国计量法》(1986年7月1日起施行)第3条规定:"国家采用国际单位制。国际单位制计量单位和国家选定的其他计量单位,为国家法定计量单位。"我国于20世纪80年代末,基本完成向法定计量单位的过渡。自1991年1月起,除个别特殊领域外,不允许再使用非法定计量单位。在进出口贸易中,出口商品除合同规定需采用公制、英制或美制计量单位者外,也应使用法定计量单位。一般不进口非法定计量单位的仪器设备。如有特殊需要,须经有关标准计量管理机构批准。

（二）计量单位

商品计量单位的采用,应视商品的性质而定。在进出口贸易中,通常采用的计量单位有六种:重量(weight)、个数(number)、面积(area)、长度(length)、容积(capacity)及体积(volume,cubic)。

1. **按照重量交易**

其常用单位有:克(gram,g)、千克(kilogram,kg)、盎司(ounce,oz)、磅(pound,lb)、吨(metric ton,M/T)、长吨(long ton,L/T)、短吨(short ton,S/T)等。

重量单位一般用于农产品、矿产品和其他初级产品的计量。部分工业制品及有些贵重商品如黄金、白银等也用重量计量。

2. **按照个数交易**

其常用单位有:件(piece,pc)、套(set)、打(dozen,doz)、罗(gross,gr)、令(ream,rm)、卷(roll coil)等。

个数单位一般用于大多数工业制成品及杂货的计量。如机器零件、服装鞋袜、纸张、机器、电器、设备、文具、玩具等。

3. **按照面积交易**

其常用单位有:平方米(square meter,sq. m)、平方英尺(square foot,sq. ft)、平方码(square yard,sq. yd)等。

面积单位用于木板、玻璃、地毯、皮革、铁丝网等的交易,但有的需加列厚度(thickness)。

4. **按照长度交易**

其常用单位有:米(meter,m)、英尺(foot,ft)、码(yard,yd)等。

长度单位多用于布匹、塑料布、电线电缆、绳索、钢管等交易。

5. **按照容积交易**

其常用的单位有:升(liter,l)、加仑(gallon,gal)、蒲式耳(bushel,bu)等。

容积单位用于部分谷物,如小麦、玉米;各类液体状、气体物品,如汽油、天然瓦斯、化学气体等交易。

6. **按照体积交易**

其常用单位有:立方米(cubic meter,cu. m)、立方英尺(cubic foot,cu. ft)、立方码(cubic yard, cu. yd)、立方英寸(cubic inch,cu. in)等。

体积单位多用于木材等交易。

（三）重量的计算

在进出口贸易中，有很多商品是按重量计量的，其计算方法主要有以下几种。

1. 按毛重计

毛重（gross weight）是指商品本身的重量加皮重（tare），即加包装用品的重量。有些单位价值不高的商品（粗粮、饲料等价值接近包装物价值的商品），为方便计算，不再区分包装物与商品，两者一起计量，也就是按毛重作为计算价格的基础。这种计价方法，在进出口贸易中称作以毛作净（gross for net）。

2. 按净重计

净重（net weight）是指商品本身的重量，即不包括皮重的商品实际重量。在进出口贸易实务中，以重量计算的商品，大部分按净重计量。这是因为大部分商品的价值要远远高于包装物价值，以毛重计算会损害进口商利益。所以，如果合同中未订明商品重量的计算方法，按惯例即以净重计。

在进出口贸易中，毛重扣除皮重的方法有四种：

（1）按实际皮重（actual tare），即将整批商品的包装逐一过秤求得重量，然后扣除。

（2）按平均皮重（average tare），对比较整齐划一的包装，从整批货物中抽出几件，称其包装物的重量然后去除以抽取的件数，得出平均数，再进行扣除。

（3）按习惯皮重（customary tare），比较规格化的包装，其重量已被公认，可不必过秤，按公认的重量计算。

（4）按约定皮重（computed tare），即按双方约定的重量计算而不必过秤。

在以净重计算时，对于价值较高的商品，一般采用扣除其实际皮重的方法，比较公平，其余则可使用另三种方法。

此外，个别商品有按公量、理论重量和法定重量计算的。

公量（conditioned weight）是指用科学方法抽出商品所含水分，再另加标准水分求得的重量。这种按公量计算的方法经常用于经济价值较大而水分含量极不稳定的商品，如羊毛、生丝、棉纱等。其计算公式为：

$$公量＝干量＋标准含水量$$

理论重量（theoretical weight）适用于有固定规格和固定尺寸的商品，只需尺寸符合，规格一致，其重量大致相等。例如，马口铁、钢板，按一定规格，只要根据件数即可推算出其重量。

法定重量（legal weight）是指纯商品的重量加上直接接触商品的包装材料。按法定重量计量是海关依法征收从量税时，作为税收基础的计量方法。

二、进出口贸易合同中的数量机动幅度

在交易磋商和合同订立时，一般均应明确规定买卖货物的具体数量，至少应该约定确定数量的方法，以作为双方当事人交接货物的数量依据。否则，不能构成合同。

按照合同规定的数量交付货物是卖方的义务。《联合国国际货物销售合同公约》规

定,买方可以收取也可以拒绝收取多交部分货物的一部分或全部,但如果卖方短交,可允许卖方在规定交货期届满之前补交,但不得使买方遭受不合理的不便或承担不合理的开支。

但是,在进出口贸易实务中,由于某些商品的特性,以及由于生产、运输或包装条件的限制,可交数量和实际交货的数量往往与合同规定的数量难以一致,为此,就需要经过磋商,在合同中列明数量机动幅度。

在进出口贸易合同中规定数量机动幅度有两种具体做法:

(1)"约"量。即在合同的商品数量前加"约"字(about, circa 或 approx.)。但由于"约"量的含义在进出口贸易中有不同的解释,买卖双方应事先明确允许增减的百分比,以免履约时引起不必要的纠纷。

(2)溢短装条款。在进出口贸易合同中的数量条款中明确规定可以增减的百分比,但增减幅度以不超过规定数量的百分比为限。这种条款习称溢短装条款(more or less clause)。

【例1-7】500公吨,卖方可溢装或短装5%。

500 metric tons, 5% more or less at sellers' option

溢短装(more or less)也可用增加或减少(plus or minus)或用"±"符号代替。订有溢短装条款时大都规定"由卖方决定"(at sellers' option),但在由买方派船装运的情况下,为了便于适应船舶装载能力,也可规定"由买方决定"(at buyers' option)。

在数量机动幅度范围内,多装或少装货物,一般都按合同价格计算多交或少交的货款,即多交多收,少交少收。但对于价格波动频繁、幅度较大的商品,为防止当事人利用机动幅度故意增加或减少数量以取得额外收益,也可规定增减部分按装运时某种市场价格计算。

第四节 商品的包装

商品的包装是指为了有效保护商品品质的完好和数量的完整,采用一定的方法将商品置于合适容器的一种措施。在进出口贸易中,除了少数可以不作包装或几乎不包装即可直接装入运输工具的货物外,大量的进出口商品都需要包装。包装的好坏关系着商品能否在激烈的国际市场竞争中取胜,能否在出口贸易中扩大销售,提高售价,增收外汇。因此,包装也是交易磋商的主要条件之一,应在合同中加以明确规定。

出口货物按是否加包装可分为三类:散装货物、裸装货物和包装货物。散装货物(bulk cargo, cargo in bulk)不需包装,可直接装于运输工具。这类货物多为不易包装或不值得包装或可散装装载以节省运费的货物,如小麦、杂粮、玉米、煤、矿砂及生铁等。裸装货物(nuded cargo)是形态上自成件数,不需加以包装或略加捆扎即可成件的货物,如烟胶片、钢材、锡块、铜锭、铝锭及车辆、船舶等。包装货物(packed cargo)是需加包装的货物,一般出口货物除上述散装货及裸装货外,均需加以包装。

一、包装的种类

货物包装分运输包装和销售包装两大类。

(一)运输包装

运输包装(transport packing)也称外包装、大包装,它是为满足货物运输需要,将一件或数件商品装入容器或以特定方式包扎的二次包装,如两打瓶装酒装一木箱,一打听装奶粉装一纸箱。

1. 运输包装的种类

(1)单件运输包装,是指商品在运输过程中作为一个计件单位的包装。如箱(case)、包(bale)、袋(bag)、桶(drum)等。各种形式的单件运输包装又可以分别用木、纸、麻、各类金属等材料制成。运输包装的种类见表1-2。

表1-2 运输包装的种类

按包装方式分类	按包装材料分类(举例)	适用情形及有关说明
箱(case)	木箱(wooden case)、板条箱(crate)、纸箱(carton)、瓦楞纸箱(corrugated carton)、漏孔箱(skeleton case)、夹板箱(ply wood case)、金属箱(metal case)	多由纸板、稻草、纤维板制成。内衬防潮纸或塑料薄膜、锌箔、铝箔、纸屑、木屑、纸条等,箱外常以铁皮、塑料绳加固,适用于集装箱、托货板运输
捆包(bale packing)	包(bale)、捆(bundle)	对于羽毛、羊毛、棉花、布匹、蚕丝等蓬松货物,运输前先压缩,再用帆布、麻布或棉布进行包裹,并用金属丝或塑料绳加箍。这种包装有利于装卸,但不利于保护商品
袋(bag)	麻袋(gunny bag)、布袋(cloth bag)、塑料袋(plastic bag)、纸袋(paper bag)、玻璃纤维袋(class fibre bag)、单层麻袋(single gunny bag)等。此外,还有纸塑复合、多层塑料复合和编织袋等	适用于粉状、颗粒状和块状的农产品及化学原料包装。如水泥、化肥、面粉、糕点、动物饲料、化工产品等。这种包装易被水渗漏,尤其纸袋易破碎,复合袋和编织袋较其他类型的袋牢固。一般放于托板上运输
桶(drum,cask)	木桶(wooden cask)、铁桶(iron drum)、琵琶桶(barrel)、塑料桶(plastic cask)、纸板桶(card board drum)、镀锌桶(galvanized iron drum)	适用于挥发性液体、半液体及粉状、粒状商品运输包装。这种包装有再卖价值。包装一定要密封,防止渗漏、生锈。酸性物品可用塑料桶或瓶装运
其他	瓶(bottle)、罐(can)、钢瓶(cylindetr)、坛(demijohn,carboy)、篓/筐(basket/jar)	盐酸、硫酸、酒类、液化瓦斯等易发生化学反应的物品应用瓶罐装运;蔬菜、水果等一般用以竹片、柳条、藤条纺制而成的篓装运

（2）集合运输包装，是指一定数量的单件包装组合成一件大的包装。如托盘（pallet）、集装袋（flexible container）和集装箱（container）等。由于集装箱运输的便捷性和安全性，它日益成为国际货物运输的重要包装工具。

2. 运输包装的作用

（1）保护进出口商品在长时间、远距离、多环节的运输过程中不被损坏和散失。

（2）方便进出口商品的搬运、装卸、储存和运输。

（3）方便小体积、多数量商品的计数和分拨。

3. 运输包装的正确做法

（1）科学。应根据商品的特性选用合适的包装。如对易碎商品要采用防震、防碰撞包装，包括选用适当的衬垫材料等。

（2）经济。合理设计包装，节省包装材料和运输空间。如对轻泡货可在不影响商品质量的前提下压缩体积，既可节约包装材料，又能减少运载空间。

（3）适用。注意进口国对运输包装的特殊规定。如有的国家禁用有虫蛀的或带树皮的木材作包装等。

总之，运输包装的选择要根据商品的特性，有的还需注意进口国对包装材料有无特殊的限制。出口方只有认真对待包装，才能使运输包装有利于货物安全，加速货物运转，节约包装材料和运费，不致因包装问题而遭对方索赔。

此外，衬垫物也是包装的重要组成部分。包装衬垫物的作用是防震、防碎、防潮、防锈等。衬垫物一般采用纸屑、纸条、木屑、防潮纸及各种塑料。使用衬垫物时，也需考虑有关国家有无限制规定。

为了使我国的商品更多、更快地进入国际市场，提高经济效益以及我国的科学技术、工业生产和文化艺术水平，必须加强对出口商品的包装和装潢的调查研究，经常不断地加以改进，力求达到科学、经济、牢固、美观、适销的要求。

（二）销售包装

销售包装（selling packing）又称内包装、小包装，是指以适当的材料或容器盛装商品的初次包装，如酒用瓶装，奶粉用听装。它是进入零售市场直接与消费者见面的一种包装。这种包装的目的在于保护商品品质，提高商品价值，美化宣传商品，便于商品陈列，方便消费者识别、选购、携带，从而促进销售，提高商品价值。

1. 销售包装的种类

（1）便于陈列展销类。这类包装方便商家利用有限的空间展示商品。如堆叠式包装、挂式包装、展示式包装等。堆叠式包装如罐、瓶类的商品，其同类包装的盖部和底部的造型设计可以相互吻合，以使商品能在商品货架上堆叠摆放、陈列展销。挂式包装即在包装上设有挂钩、吊带及挂孔等，以使商品能在商品货架上悬挂展销。展示式包装是利用包装展示内部商品，增强其整体感和陈列效果。

（2）便于识别类。这类包装主要方便消费者观察、识别、选购商品。如透明式包装、开窗式包装等。透明式包装是用透明塑料硬膜或软膜制成，有全透明和部分透明之分。它比其他包装形式更直观，提高顾客对产品品质的信任度。开窗式包装是在包装盒的正面开一个大小形状合适的窗口以展示商品。它和文字、图案、商标有机地组合在一起成为一个整体构图,具有类似于透明式包装的效果。这种包装一般加有硬盒、衬板等,减少受力强度,亦能更好地保护商品和提高商品档次。

(3)便于使用类。这类包装是为了方便消费者携带和使用商品。如便携式包装、易开式包装、喷雾式包装、礼品包装和一次性包装等。便携式包装是为方便消费者携带,在包装上附有提手装置的包装。易开式包装指密封的包装容器上设有容易开启装置的包装。易开式包装又分为易开罐、易开瓶和易开盒等。喷雾式包装指包装是一个液体喷雾器,使用时按按钮液体即可自动喷出。礼品包装即专门作为礼品的销售包装。

2. 销售包装的标示和说明

在销售包装上,一般都附有装潢画页和文字说明,有的还印有条形码的标志,在设计和制作销售包装时,还应注意有关国家的标签管理规定。

图1-1 条形码示意图

商品包装上的条形码是由一组带有数字的黑白及粗细间隔不等的平行条纹所组成。这些线条和间隙空间表示一定的信息,通过光电扫描阅读装置输入相应的计算机网络系统,即可判断出该商品的品名、品种、数量、规格、生产日期、制造厂商、产地和售价等一系列有关该产品的信息,见图1-1。条码和数字码前三位是国家或地区代码,4~7位是制造厂商代码,8~12位是商品代码,最后一位是校验码。

目前,世界许多国家都在商品包装上使用条形码,只要将条形码对准光电扫描器,计算机就能自动地识别条形码的信息,并据此在数据库中查询其单价,进行货款结算,打出购货清单,有效地提高结算的效率和准确性,也方便了顾客。

条形码标志主要用于商品的销售包装上。它不仅能够促进和扩大商品在各国商场内的销售,而且使得货物的分类和输送更为迅速、准确,极大地方便了货物的储存和运输,为发展立体化仓库,实现仓储自动化管理创造了条件。目前,许多国家的超级市场都使用条形码技术进行自动扫描结算,如商品包装上没有条形码,即使是名优商品,也不能进入超级市场和大型百货商店,而只能当作低档商品进入廉价商店销售。另外,商品包装上如无条形码标志,有些国家则不予进口。因此,出口企业应对条形码工作给予足够的重视。

为了适应国际市场的需要和扩大出口,1988年12月我国建立了中国物品编码中心负责推广条形码技术,并对其进行统一管理。1994年4月我国正式加入国际物品编码协会,该协会分配给我国的国别号为"690"、"691"、"692"。凡标有上述国别号条形码的,即表示是中国生产的商品。

3. 销售包装的作用

(1)保护商品。销售包装的基本作用还是保护商品(食品最为典型),避免商品外露,受外界污染。

(2)促销作用。新颖美观的销售包装容易吸引消费者的眼球,引起消费者的购买"冲动",从而达到扩大销售的目的。

(3)增值作用。精致的包装可以提高商品的档次,增加商品的附加值,从而提升商品

"身价",使销售价格明显提高。

4. 销售包装的正确做法

(1) 装潢画面要美观大方,具有吸引力,并突出商品的特性。

(2) 包装造型要科学。对造型的设计要充分考虑零售商陈列展销的方便,还应有利于消费者识别选购和携带使用。

(3) 适应进口国或销售地区的民族习惯和爱好。世界上有不少国家对销售包装有特殊规定和好恶偏差。如对文字使用的规定,对烟酒类商品的标贴规定等,对颜色、图案、数字的喜恶等。还应注意不违反有关国家包装管理条例的规定。

(4) 充分发挥包装中文字说明的作用。文字说明通常包括商品名称、商标品牌、数量规格、成分构成与使用说明等内容。这些文字说明应与销售包装的装潢画面紧密结合、和谐统一,以达到树立产品及企业形象、提高宣传和促销的目的。

二、包装标志

包装标志是为了方便商品运输、装卸和储存,便于识别和保护商品,防止商品错发错运而在商品外包装上刷写的标志。包装标志主要有运输标志、指示性标志和警告性标志三类。

(一) 运输标志

运输标志(shipping mark)俗称唛头,是为了方便识别商品、防止错发错运而刷制在商品外包装上的标志,通常由一个简单的几何图形、必要的字母、数字及文字组成见图 1-2。

在电子数据交换(EDI)技术日益发展的今天,为了方便单据的传输,国际标准化组织制定了"标准运输标志",向全世界推荐使用。该标志规定使用四行文字,代表四部分内容,每行不超过 17 个字符。

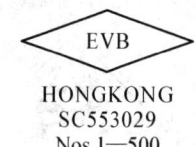

图 1-2　运输标志
示意图

(1) 收货人及/或发货人名称的代用简字或代号、简单的几何图形。

(2) 参考号码,如运单号码、订单号码或发票号码。

(3) 目的港或目的地名称。

(4) 件数号码,该批货物的总件数和本件的顺序号。一般两者兼而有之,也有只择其一。如 CTN/Nos. 1—200。

运输标志中的收货人用英文缩写;参考号码一般为合同号、信用证号码或发票号码;目的地(港)表明商品最终运抵地点(港口),如需转运,则在目的地后注明转运地,如 NEW YORK Via HONGKONG,这里纽约为目的地,中国香港即为中转港;件数号码主要说明本件货与整批货物的关系,前例中 CTN/Nos. 1—200,就是指 200 纸箱,"1"表示本件是200 件中的第一件。

在刷制运输标志时应注意:标志要简明清晰、大小适当、易于辨认、颜色牢固;另外,部位要得当,应在每件包装上相对应的两侧面上刷制相同的标志,便于装卸识别。

(二) 指示性标志

指示性标志(indicative mark)用以提示有关工作人员在装卸、运输和保管过程中需要注意的事项,一般以简单、醒目的图形或文字在包装上标出,见图1-3。

图1-3　指示性标志

（三）警告性标志

警告性标志(warming mark)又称危险品标志,是指对一些易燃品、爆炸品、有毒品、腐蚀性商品等危险品在运输包装上清楚明显地标明危险性质的标志。警告性标志也是用一些国际上通用的图案并配以文字说明见图1-4。

图1-4　警告性标志

（四）其他标志

除上述包装标志外,商品的运输包装上一般还刷制一些诸如商品的毛重、净重、体积尺码和商品生产国别的标志。

【例1-8】Gross Weight(G. W)　　　55 kg

Net Weight(N. W)　　　51 kg

Measurement 160 cm×40 cm×32 cm

Made in America

在实务操作中,上述各种包装标志一般刷在货物外包装的两侧,以清晰、醒目为主要要求,见图1-5。

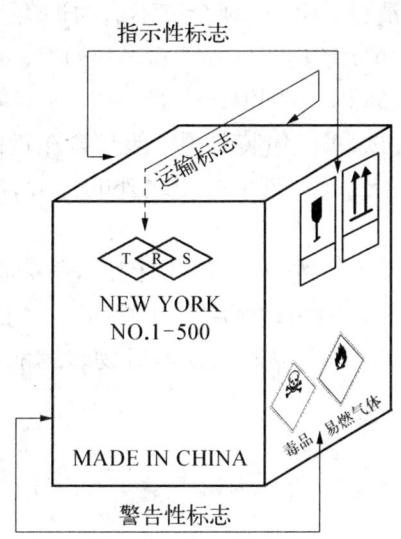

图 1-5 运输包装标志

三、中性包装

在进出口贸易中,由于一些国家采取高关税和配额等保护主义的措施以遏制别国的商品输入,为了突破某些国家高关税和配额限制或避免一些国家的歧视,一般采用一种双方都可接受的包装,即中性包装。

中性包装(neutral packing)是指在商品上和内外包装上不注明生产国别的包装。中性包装又可分为定牌中性包装和无牌中性包装两种。

定牌是指商品上和包装上不采用卖方自己的商标、牌号,而采用买方指定的商标或牌号。定牌中性包装是指包装上不注明生产国别,但注明买方指定的商标或牌号。在实务中,卖方同意采用定牌,是为了利用指定品牌的商业声誉,从而扩大销量和提高售价。对于本身已是国内品牌的出口商品,不宜采用定牌,以免长此以往逐渐销蚀国产品牌的声誉。

无牌是指买方要求在出口商品和(或)包装上免除任何商标或牌名的做法。无牌中性包装是指在商品和包装上均不使用任何商标或牌名,也不注明生产国别,俗称"白牌"。它主要用于一些尚待进一步加工的半制成品或低值易耗品,无牌包装的目的就是为了节约费用、降低成本。

采用中性包装虽然是打破进口国实行贸易壁垒的有效做法,有利于扩大出口贸易,但很容易招致非议。因此在使用时应谨慎从事,应在合同中明确责任范围。

四、进出口贸易合同中的包装条款

包装条款(packing clause)一般包括包装材料、包装方式、包装费用的归属和运输标志制作等内容。在订立包装条款时要注意如下常见问题:

(1)包装要求应明确规定,不宜采用含义笼统的术语。合同中对商品使用什么样的包装材料和包装方式都应叙述清楚,不能出现含糊不清的词语,以免引起争议,如"适合海运包装"(seaworthy packing)、"惯用包装"(usual packing)等。除非是长期友好合作的贸易伙伴之间,对此已经取得一致认识,否则慎用。

(2) 注意特殊包装费用的归属。包装费用一般包含在货价之内,不用另行规定。如果买方对包装有特殊要求,其超出正常包装费用之外的部分,应在合同中明确规定有买方承担。

(3) 对买方指定唛头的规定。按国际贸易惯例,运输标志一般由卖方制作,无需在合同中说明。但如果买方需要特定唛头,并要在合同订立后才能确定内容,则必须在合同中订明买方提供唛头的最后日期,并规定如在办理货物装运前若干天尚未收到有关买方特定唛头通知,卖方可以自行决定。

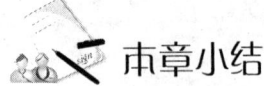 本章小结

在第一章里,我们主要学习了合同中品名、品质、数量和包装条款的规定方法和注意事项,学习重点是表示品质方法的合理选用以及运输标志;难点是对数量的相关规定。

练习题

[识记 填空]

1. 商品的品质是指商品的_____和_____的综合。

2. 在进出口贸易中,表示商品品质的方法基本上分为用_____来表示和以_____来表示两大类。

3. 目前进出口贸易中常用的度量衡制度有_____、_____、_____和国际单位制四种。

4. 出口货物,依是否加包装可分为_____、_____和_____三类。

5. 中性包装是指在商品上和内外包装上不注明_____的包装,又可分为_____中性包装和_____中性包装两种。

[是非 判断]

1. 在出口贸易中,表示品质的方法多种多样,为了明确责任,最好采用既凭样品,又凭规格买卖的方法。( )

2. 某外商来电要求我方提供大豆,要求按以下规格订立合同:含油量20%,含水分15%,不完善粒6%,杂质1%。对此,在一般情况下,我方可以接受。( )

3. 以毛作净就是以净重代替毛重。( )

4. 包装费用一般包含在货价之内,不另计价。( )

5. 按《联合国国际货物销售合同公约》规定,如卖方所交货物多于约定数量,买方可以全部接受,也可以全部拒收。（　　　）

[选择　理解]

1. 凡货样难以达到完全一致的,不宜采用（　　　）。

A. 凭规格买卖　　　B. 凭等级买卖　　　C. 凭标准买卖　　　D. 凭样品买卖

2. 对于大批量交易的散装货,因较难掌握商品的数量,通常在合同中规定（　　　）。

A. 品质公差条款　　B. 溢短装条款　　　C. 立即装运条款　　　D. 仓至仓条款

3. 以下（　　　）不属于运输包装的标志。

A. 运输标志　　　　B. 条形码　　　　C. 指示性标志　　　D. 警告性标志

4. 在品质条款的规定上,对某些比较难掌握品质的工业制成品或农副产品,我们多在合同中规定（　　　）。

A. 溢短装条款　　　　　　　　　　　B. 增减价条款

C. 品质公差或品质机动幅度条款　　　D. 商品的净重

5. 以下销售包装中主要是为了便于陈列的是（　　　）。

A. 挂式包装　　　B. 易开式包装　　　C. 喷雾式包装　　　D. 一次性包装

[实训　提高]

1. 进出口贸易合同中的数量条款规定"100 M/T 5% more or less at seller's option",则卖方最多和最少可交多少公吨货物? 多交部分如何作价? 若双方未约定多交部分如何作价,当市场价格上涨时,卖方应该多交还是少交?

2. 我出口公司向日本出口某产品 500 箱,已知收货人代号为 JQM,目的地为 Osaka, Japan,参考号为 01-358-99,请根据以上条件制作一标准化唛头。

3. 我方与外国某客商凭样品达成一笔出口镰刀的交易。合同中规定复验有效期为货物到达目的港后 60 天。货物到目的港经外商复验后,未提出任何异议。但事隔半年,外商来电称:镰刀全部生锈,只能降价出售,要求我方按成交价的 40% 赔偿其损失。我方接电后立即查看我方留存的复样,也发现类似情况。那么,我方是否应同意对方的要求? 为什么?

4. 我国出口苹果酒一批,该批酒的内外包装上均写的是"cider",而提交的出口单据上均用"apple wine",货到国外后遭海关扣留、罚款,为什么?

2 第二章　贸易术语和商品的价格

学习目的

1. 了解和认识有关贸易术语的国际惯例
2. 掌握六种常用的贸易术语,并能根据不同贸易术语的价格构成进行价格换算
3. 熟练运用佣金,熟悉价格条款的组成

第一节　有关贸易术语的国际惯例

在进出口贸易中,由于买卖双方地处不同的国家(地区),有关交易双方在货物交接过程中,有关责任、义务、风险和费用的划分等,在双方合同的洽谈中必须订立明确。这些内容的订立非常繁琐和冗长,在进出口贸易的长期实践中,必须有一种专门的"对外贸易语言",于是贸易术语应运而生。

一、贸易术语的含义及作用

（一）贸易术语的含义

贸易术语(trade terms)又称贸易条件(trade conditions)、价格术语(price terms)等,它使用的是一个简短的概念和三个英文字母的缩写,用来说明商品的价格构成以及买卖双方的有关费用、风险和责任的划分问题,它是进出口贸易合同中单价条款的一个重要组成部分。

（二）贸易术语的作用

(1) 简化磋商的内容,缩短成交的过程,节省业务费用。

（2）说明了价格构成的因素，划分买卖双方权利与义务的关系。

（3）可确定一个进出口贸易合同的性质，并要求全部合同条款与之适应。

二、国际贸易惯例的性质

（1）惯例本身不是法律，它对贸易双方不具有强制性，故买卖双方有权在合同中作出与某项惯例不符的规定。

（2）国际贸易惯例对贸易实践仍具有重要的指导作用。一方面，如果双方都同意采用某种惯例来约束该项交易，并在合同中作出明确规定时，那么这项约定的惯例就具有强制性。另一方面，如果双方对某一问题没有作出明确规定，也未注明该合同适用某项惯例，在合同执行中发生争议时，受理该争议案的司法和仲裁机构也往往会引用某一国际贸易惯例进行判决或裁决。

三、有关贸易术语的国际贸易惯例

目前，有关贸易术语的国际贸易惯例主要有以下三种。

（一）《1932 年华沙—牛津规则》

它是国际法协会专门为解释 CIF 合同而于 1928 年在波兰首都华沙制定的，共包括 22 条。在 1930 年的纽约会议、1931 年的巴黎会议和 1932 年的牛津会议上，将此规则修订为 21 条，并更名为《1932 年华沙—牛津规则》，沿用至今。

（二）《1941 年美国对外贸易定义修订本》

它是由美国 9 个商业团体制定的。它最早于 1919 年在纽约制定，原称为《美国出口报价及其缩写条例》，后来于 1941 年在美国第 27 届全国对外贸易会议上对该条例作了修订，命名为《1941 年美国对外贸易定义修订本》，解释的贸易术语共有 6 种。

（三）《国际贸易术语解释通则》

《国际贸易术语解释通则》缩写形式为 INCOTERMS，它是国际商会为了统一对各种贸易术语的解释而制定的。最早产生于 1936 年，后来为适应国际贸易业务发展的需要国际商会先后进行过多次修改和补充。现行的《2000 年国际贸易术语解释通则》（以下简称《2000 通则》）是国际商会根据国际贸易形势的变化和发展的需要，在《1990 年国际贸易术语解释通则》的基础上修订产生的，并于 2000 年 1 月 1 日起生效。

《2000 通则》对 13 种术语作了解释，并归纳为 E、F、C、D 四组，见表 2-1。

表 2-1　国际贸易术语

E组(起运)	EXW(ex works)	工厂交货	适用于各种运输方式，包括多式联运
F组(主要运费未付)	FCA(free carrier)	货交承运人	适用于各种运输方式，包括多式联运
	FAS(free alongside ship)	装运港船边交货	适用于海运及内河运输
	FOB(free on board)	装运港船上交货	适用于海运及内河运输

（续　表）

C 组(主要 运费已付)	CFR(cost and freight)	成本加运费	适用于海运及内河运输
	CIF(cost,insurance and freight)	成本加保险费、运费	适用于海运及内河运输
	CPT(carriage paid to)	运费付至	适用于各种运输方式, 包括多式联运
	CIP(carriage and insurance paid to)	运费、保险费付至	适用于各种运输方式, 包括多式联运
D 组(抵达)	DAF(delivered at frontier)	边境交货	适用于各种运输方式, 包括多式联运
	DES(delivered ex ship)	目的港船上交货	适用于海运及内河运输
	DEQ(delivered ex quay)	目的港码头交货	适用于海运及内河运输
	DDU(delivered duty unpaid)	未完税交货	适用于各种运输方式, 包括多式联运
	DDP(delivered duty paid)	完税后交货	适用于各种运输方式, 包括多式联运

E 组(Group E)为起运(departure)术语,只有 EXW 一种术语。使用此术语,卖方在他自己的处所将货物交给买方,即履行了交货义务。

F 组(Group F)为主要运费未付(main carriage unpaid)术语,本组包括 FCA、FAS 和 FOB 三种贸易术语。使用这些术语,卖方将货物交至买方指定的承运人时,即履行了交货义务。由买方订立运输合同,指定承运人并支付费用。

C 组(Group C)为主要运费已付(main carriage paid)术语,本组包括 CFR、CIF、CPT 和 CIP 四种贸易术语。使用这些术语,卖方必须订立运输合同,并支付到达合同规定的目的港或目的地的正常运费,但对货物发生灭失或损坏的风险以及货物发运后事件所产生的费用,卖方不承担责任。其中,CIF 和 CIP 术语的卖方还需负责投保货物运输保险和支付相应的保险费。

D 组(Group D)为抵达(arrival)术语,本组包括 DAF、DES、DEQ、DDU 和 DDP 五种贸易术语。使用这些术语达成的交易,要求卖方必须承担货物交至目的地国家所需要的一切费用和风险。在 D 组术语下,除 DDP 外,卖方在边境或进口国交货时无需办理进口清关。

第二节　六种常用贸易术语

在国际贸易中,贸易术语有多种,但其中 FOB、CFR、CIF、FCA、CPT 和 CIP 六种是国际贸易中使用较多的贸易术语。因此,熟悉这六种主要贸易术语极为重要。

在这六种术语中,前三种仅适用于海运和内河运输,后三种可适用于各种运输方式。

一、适用于海运和内河运输的三种主要术语

(一) FOB

1. FOB 的基本含义

FOB(free on board … named port of shipment)——装运港船上交货(……指定装运港),是指卖方必须在合同规定的装运期在指定的装运港将货物交至买方指定的船上,并负担货物越过船舷为止的一切费用和货物灭失或损坏的风险。

有人把 FOB 条件下的价格称为"离岸价",是不确切的,因为按 FOB 条件成交,买卖双方承担的费用和风险一般是以装运港船舷为界。在港口水浅、海轮不能靠岸的情况下,需要通过驳船运送,而发生在货物越过船舷后的驳运费用和风险,按惯例应由卖方负担,而这种费用和风险理应计入货价的成本之内。

2. FOB 术语买卖双方责任与义务的划分

按国际商会对 FOB 的解释,买卖双方各自承担的基本义务见表 2-2。

表 2-2　FOB 方式下买卖双方的基本义务

卖方的基本义务	买方的基本义务
(1) 负责在合同规定的装运期内,在指定装运港,将符合合同规定的货物装到买方指派的船上,并及时通知买方货物已装船	(1) 负责租船订舱开往约定的装运港口接运货物,支付运费,并给予卖方船名、装船日期和装货地点的充分通知
(2) 承担货物在装运港越过船舷时为止的一切费用和风险	(2) 承担货物越过装运港舷后的一切费用以及货物灭失或损坏的一切风险
(3) 办理出口清关手续,提供出口需要的出口许可证等各种证件	(3) 按合同规定,办理货物进口的一切手续,收取卖方交付的货物,接受与合同相符的单据
(4) 向买方提交约定的各项单证或具有相等效力的电子数据交换信息	(4) 按合同规定支付货款
	(5) 负责办理保险、支付保险费

3. 采用 FOB 术语应注意的问题

(1) 风险划分的界限。一般来说,"装上船"是 FOB 合同买卖双方划分风险的分界线。"装上船"一般解释为货物从装运港岸上起吊并越过船舷就应当认为已装船,至此,货物灭失的风险从卖方转移到买方。但是,在进出口贸易实务中,如 FOB 合同中的买方要求卖方提交"清洁已装船提单",凭以向买方收款的话,则该合同的交货点就是船舱了。因此,在交易磋商时对装船的概念予以明确。

(2) 装船费用的负担。如果买方使用班轮运输货物,由于班轮运费内包括装货费用和

在目的港的卸货费用,装货费实际上由买方负担。

但是,如果成交的是大宗货物需使用租船装运时,按照航运惯例,船方不负担装货费用。在这种情况下,买卖双方应在合同中明确装货费、理舱费、平舱费的负担方,即在 FOB 后加列有关装货费由谁负担的附加条件,以明确责任,这就导致 FOB 的变形。在实务中,常见的变形见表 2-3。

表 2-3　FOB 方式下常见的变形

(1) FOB 班轮条件(FOB liner terms)	装货费按班轮办法处理,由支付运费的买方负担
(2) FOB 吊钩下交货(FOB under tackle)	卖方将货物交到买方指定船舶的吊钩所及之处,从货物吊装开始装货费用由买方负担
(3) FOB 包括理舱(FOB stowed,FOBS)	卖方负责将货物装入船舱并负担包括理舱费在内的装货费用
(4) FOB 包括平舱(FOB trimmed,FOBT)	卖方负责将货物装入船舱并负担包括平舱费在内的装货费用

上述 FOB 的几种变形,只是用以明确有关相关装船费用的承担,并未改变 FOB 的性质。

(3) 租船订舱。在采用 FOB 价格术语时,由买方负责租船或订舱。如买方委托卖方办理,卖方可代为租船、订舱和投保。这种方式属代办性质,运费和保险费由买方承担,订不到舱位的风险也由买方负担。

(4) 个别国家使用 FOB 术语的特殊含义。美国、加拿大和一些拉丁美洲国家较多采纳《1941 年美国对外贸易定义修订本》的解释,该修订本将 FOB 分为六种类型,其中仅第五种"FOB vessel"同《2000 通则》中通用的 FOB 术语的含义基本相似,其他五种类型的FOB 同国际上通用的概念完全不同。为了避免上述概念的不同而引起贸易纠纷,在对上述国家贸易使用 FOB 术语时,须注意在 FOB 和装运港之间加上"Vessel"(船)字样。如果只订为"FOB San Francisco"而漏写"Vessel"字样,则卖方只负责把货物运到旧金山城内的任何处所,不负责把货物运到旧金山港口并交到船上。

(二) CIF

1. CIF 的基本含义

CIF(cost insurance and freight … named port of destination)——成本加保险费、运费(……指定目的港),是指卖方必须在合同规定的装运期内在装运港将货物交至指定目的港的船上,负担货物越过船舷以前为止的一切费用和货物灭失或损坏的风险,并负责办理货运保险、支付保险费以及负责租船订舱,支付从装运港到目的港的正常运费,办理货物的出口清关手续。

由于 CIF 术语后面跟的是目的港,所以一直被称作"到岸价",其实这种叫法是不准确的,容易被误解为卖方负责将货物运到目的港并承担到此为止的一切费用和风险,这与CIF 本身的含义是相违背的,必须加以注意。

2. CIF 术语买卖双方责任与义务的划分

按国际商会对 CIF 的解释,买卖双方各自承担的基本义务见表 2-4。

表 2-4 CIF 方式下买卖双方的基本义务

卖方的基本义务	买方的基本义务
(1) 负责在合同规定的装运期内,在指定装运港,将符合合同规定的货物装到船上,并及时通知买方货物已装船	(1) 承担货物越过装运港舷后的一切费用以及货物灭失或损坏的一切风险
(2) 承担货物在装运港船舷时为止的一切费用和风险	(2) 按合同规定,办理货物进口的一切手续,收取卖方交付的货物,接受与合同相符的单据
(3) 办理出口清关手续,提供出口需要的出口许可证等各种证件	(3) 按合同规定支付货款
(4) 向买方提交约定的各项单证或具有相等效力的电子数据交换信息	
(5) 负责租船或订舱,并支付至目的港的运费	
(6) 负责办理货物运输保险,支付保险费	

3. 采用 CIF 术语应注意的问题

(1) 保险责任问题。按 CIF 术语达成的交易,保险是卖方的责任,但卖方是为了买方的利益办理货运保险的,因为此项保险主要是为了保障货物装船后在运输途中的风险。《2000 通则》对此有明确规定:在无相反明确协议时,卖方应按照《协会货物保险条款》或其他类似的保险条款中最低责任的保险险别投保。……应买方要求,并由买方负担费用,卖方应在可能情况下投保战争、罢工、暴动和民变险。最低保险金额须为合同规定的价款加 10%,并以合同货币投保。如买方需要更高的保险险别,则需要与卖方明确地达成协议,或自行作出额外保险安排。另外,买卖双方在订立合同时必须对保险险别、投保加成、保险金额等问题作出明确规定,以防发生争议。

(2) 租船或订舱和装船通知。按照《2000 通则》对 CIF 的解释,卖方只负责按通常的条件及习惯行驶的航线,租用通常类型的船舶装运货物。因此,买方一般不能提出关于限制载运船舶的国籍、船型、船龄、船级和指定装载某船或某班轮的船只等要求。但在进出口贸易实务中,考虑到买方的要求,在能够办到又不增加额外费用的情况下,卖方也可考虑接受。

在出口贸易实务中,为便于买方做好接货的准备,一般都发装船通知。

(3) 卸货费用的负担。如果使用班轮运输货物,由于班轮运费内包括装货费用和在目的港的卸货费用,装货费用实际上由卖方负担。

但是,如果成交的是大宗货物需使用租船装运时,按照航运惯例,船方不负担装船和卸货费用。在这种情况下,为了明确责任,买卖双方应在合同中就卸货费用由谁负担作出明确具体的规定。具体的规定方法,可以在合同中订明,也可采用 CIF 的变形。在进出口贸易实务中,常见的变形见表 2-5。

表 2-5　CIF 方式下常见的变形

(1) CIF 班轮条件(CIF liner terms)	卸货费用按班轮条件处理,费用由卖方负担
(2) CIF 吊钩交货(CIF ex tackle)	卖方负担将货物从舱底吊至船边卸离吊钩为止的费用,在船舶不能靠岸的情况下,租用驳船和货物从驳船卸到岸上的费用,由买方负担
(3) CIF 卸到岸上(CIF landed)	卖方负担将货物卸到目的港岸上的费用,包括驳船费和码头费
(4) CIF 舱底交货(CIF ex ship's hold)	买方负担将货物从舱底起吊卸到码头的费用

上述 CIF 后加列各种附加条件,只是为了明确卸货费用由谁负担,它并不影响交货地点和风险转移的界线。

(4) 单证工作。按对 CIF 术语的传统解释,CIF 属象征性交货,卖方负有向买主提交约定的装运单据的义务,买方则负有凭装运单据付款的义务。也就是说,在 CIF 条件下,买方是凭单据和付款对流的原则,因此,即使在卖方装船以后至交单这段时间内,货物发生灭失或损坏,只要卖方提交的单据符合要求,买方就不得拒付货款,而只能先付款赎单,然后凭所取得的有关单据向船方或保险公司提出索赔,追回损失。CIF 交易实际上是一种单据买卖。由此可见,装运单据在 CIF 交易中具有特别重要的意义,所以在发货前的实际工作中,应重视和搞好单证工作。当然,CIF 是单据买卖说法,并不意味着可以因此而减轻卖方交货方面的责任,CIF 的卖方,除应提交约定的装运单据外,还应保证交运约定的货物。

实际交货的贸易术语是卖方必须在合同指定地点把货物交由买方控制,才算完成交货任务。在此条件下,装运单据不能代替货物,卖方必须在指定地点把卖出的货物交给买方。第三节所述的七种术语实属此类。

(三) CFR

1. CFR 的基本含义

CFR(cost and freight … named port of destination)——成本加运费(……指定目的港),是指卖方必须在合同规定的装运期内,在装运港将货物交至指定的目的港的船上,负担货物越过船舷以前为止的一切费用和货物灭失或损坏的风险,并负责租船订舱,支付至目的港的正常运费。

2. CFR 术语买卖双方责任与义务的划分

按国际商会对 CFR 的解释,买卖双方各自承担的基本义务见表 2-6。

表 2-6　CFR 方式下买卖双方的基本义务

卖方的基本义务	买方的基本义务
(1) 负责在合同规定的装运期内,在指定装运港,将符合合同规定的货物装到船上,并及时通知买方货物已装船	(1) 承担货物越过装运港船舷后的一切费用以及货物灭失或损坏的一切风险

（续 表）

卖方的基本义务	买方的基本义务
(2) 承担货物在装运港越过船舷为止的一切费用和风险	(2) 按合同规定,办理货物进口的一切手续,收取卖方交付的货物,接受与合同相符的单据
(3) 办理出口清关手续,提供出口需要的出口许可证等各种证件	(3) 按合同规定支付货款
(4) 向买方提交约定的各项单证或具有相等效力的电子数据交换信息	(4) 负责办理保险、支付保险费
(5) 负责租船或订舱,并支付至目的港的运费	

3. 采用 CFR 术语应注意的问题

(1) 装船通知的问题。按 CFR 条件成交时,由卖方安排运输,由买方办理货运保险,做好买卖双方的衔接工作十分重要。如卖方不及时发出装船通知,则买方就无法及时办理货运保险,甚至有可能出现漏保货运险的情况,因此卖方装船后务必及时向买方发出装船通知,否则,卖方应承担货物在运输途中的风险损失。

(2) 卸货费用的负担。如果使用班轮运输货物,由于班轮运输内包括装货费用和在目的港的卸货费用,装货费实际上由卖方负担。但是,如果成交的是大宗货物需使用租船装运时,按照航运惯例,船方不负担装船和卸货费用。在这种情况下,为了明确责任,买卖双方应在合同中就卸货费由谁负担作出明确具体的规定。具体的规定方法,可以在合同中订明,也可采用 CFR 的变形。在进出口贸易实务中,常见的变形见表 2-7。

表 2-7 CFR 方式下常见的变形

(1) CFR 班轮条件(CFR liner terms)	卸货费用按班轮条件处理,费用由卖方负担
(2) CFR 吊钩交货(CFR ex tackle)	卖方负担将货物从舱底吊至船边卸离吊钩为止的费用,在船舶不能靠岸的情况下,租用驳船和货物从驳船卸到岸上的费用,由买方负担
(3) CFR 卸到岸上(CFR landed)	卖方负担将货物卸到目的港岸上的费用,包括船舶费和码头费
(4) CFR 舱底交货(CFR ex ship's hold)	买方负担将货物从舱底起吊卸到码头的费用

上述 CFR 后加列各种附加条件,只是为了明确卸货费用由谁负担,它并不影响交货地点和风险转移的界线。

需要说明的是,以上 FOB、CFR 和 CIF 术语的变形,除买卖双方另有约定者外,其作用通常仅限于明确或改变买卖双方在费用负担上的划分,而不涉及或改变风险的划分;另外,只有在买卖双方对所使用的贸易术语变形的含义有一致理解的前提下,才能在交易中使用这些术语变形。

从上述可以看到,FOB、CFR 和 CIF 三种术语(包括各种变形),就买卖双方义务来说,在风险划分上是一致的,主要区别是双方办理的手续和支付的费用不同,其主要异同点见表 2-8。

表 2-8　FOB、CFR 和 CIF 的异同

贸易术语	风　险	手　续		费　用	
	何方承担货装上船后的风险	何方办理租船订舱	何方办理保险	何方支付到目的港运费	何方支付保险费
FOB	买　方	买　方	买　方	买　方	买　方
CFR	买　方	卖　方	买　方	卖　方	买　方
CIF	买　方	卖　方	买　方	卖　方	卖　方

二、货交承运人的三个贸易术语

随着运输业的发展,《2000 通则》进一步完善了 FCA、CIP 和 CPT 三种可适用于任何运输方式的术语,同时规定 FOB、CIF 和 CFR 仅适用于海运和内河运输。这六种术语在诸多方面是相似的,但也有很多不同点。现就《2000 通则》对 FCA、CIP 和 CPT 三种术语的含义及买卖双方的责任划分简单介绍。

(一) FCA

1. FCA 的基本含义

FCA(free carrier … named place)——货交承运人(……指定地点),是指卖方必须在合同中规定的交货期内在指定地点将经出口清关的货物交给买方指定的承运人监管,并负担货物交由承运人监管前的一切费用和货物灭失或损坏的风险。

FCA 是《2000 通则》有实质变化的三个术语之一(另外两个是 FAS 和 DEQ)。其变化体现在装卸货物的义务上。《2000 通则》在 FCA 的序言中明确规定了以交货地来确定双方的装卸货义务。具体规则是:如果交货是在卖方的场所进行,卖方有义务装运货物;如果交货是在任何其他地方进行,卖方不负责卸货。这可以说是《2000 通则》的一个重大进步。

2. FCA 术语买卖双方的责任与义务的划分

按国际商会对 FCA 的解释,买卖双方各自承担的基本义务见表 2-9。

表 2-9　FCA 方式下买卖双方的基本义务

卖方的基本义务	买方的基本义务
(1) 在需要办理海关手续时,办理出口清关手续,在指定地点按约定日期将货物交给买方指定的承运人,并给予买方已交货的充分通知	(1) 自费订立从指定地点开始承运货物的合同,并将承运人名称及时通知卖方
(2) 承担货物交给承运人前的　切费用和风险	(2) 从卖方交付货物时起承担货物灭失或损坏的一切风险和费用

（续 表）

卖方的基本义务	买方的基本义务
(3) 向买方提供约定的单据或相等的电子讯息	(3) 按合同规定受领货物及交货凭证或相等的电子讯息，并按合同规定付款
	(4) 在需要办理海关手续时办理货物进口和从他国过境的一切海关手续

3. 采用 FCA 术语应注意的问题

(1) 该术语可用于各种运输方式，包括多式联运。

(2) 承运人指任何人，在运输合同中，承诺通过铁路、公路、空运、海运、内河运输或上述运输的联合方式履行运输或由他人履行运输。

(3) 若买方指定承运人以外的人领取货物，则当卖方将货物交给此人时，即视为已履行了交货物的义务。

（二）CIP

1. CIP 的基本含义

CIP(carriage and insurance paid to … named place of destination)——运费和保险费付至(……指定目的地)，是指卖方支付货物运至目的地的运费，并对货物在运输途中灭失或损害的风险取得货物保险，订立保险合同，支付保险费用。在货物被交由承运人保管时，货物灭失或损坏的风险，以及由于在货物交给承运人后发生的事件而引起的额外费用，即从卖方转移至买方。

2. CIP 术语买卖双方责任与义务的划分

CIP 贸易术语有关买卖双方基本义务的划分只要将 FCA 买方基本义务中第(1)及向保险公司办理货运保险两项归 FCA 卖方基本义务中即可。

3. 采用 CIP 术语应注意的问题

(1) CIP 术语只要求卖方投保最低限额的保险险别。如买方需要更高的保险险别，则需要与卖方明确地达成协议，或者自行作出额外的保险安排。

(2) 承运人指任何人，在运输合同中，承诺通过铁路、公路、空运、海运、内河运输或上述运输的联合方式履行运输或由他人履行运输。如果还使用接运的承运人将货物运至约定目的地，则风险自货物交给第一承运人时转移。

(3) CIP 术语要求卖方办理出口清关手续。

(4) 该术语可适用于各种运输方式，包括多式联运。

（三）CPT

1. CPT 的基本含义

CPT(carriage paid to … named place of destination)——运费付至(……指定目的地)，是指卖方支付货物运至指定目的地的运费，在货物被交由承运人保管时，货物灭失或损坏的风险，以及由于在货物交给承运人后发生的事件而引起的额外费用，即从卖方转移至买方。

2. CPT 术语买卖双方责任与义务的划分

CPT 术语有关买卖双方的基本义务划分,只要将 FCA 买方基本义务中第(1)项归 FCA 卖方基本义务即可。

3. 采用 CPT 术语应注意的问题

(1) 承运人指任何人,在运输合同中,承诺通过铁路、公路、空运、海运、内河运输或上述运输的联合方式履行运输或由他人履行运输。如果还使用接运的承运人将货物运至约定目的地,则风险自货物交给第一承运人时转移。

(2) CPT 术语要求卖方办理出口清关手续。

(3) 该术语可适用于各种运输方式,包括多式联运。

三、FOB、CFR、CIF 和 FCA、CPT、CIP 的比较

FCA、CPT、CIP 三种术语是分别从 FOB、CFR、CIF 三种传统术语发展起来的,其责任划分的基本原则是相同的,但也有区别,主要表现在以下几个方面。

1. 适用的运输方式不同

FOB、CIF、CFR 仅适用于海洋运输和内河运输;而 FCA、CPT、CIP 适用于任何运输方式。

2. 交货地点及风险、费用转移界限不同

FOB、CIF、CFR 三种术语的交货地点均为出口国装运港,风险和费用的划分则以装运港船舷为界;FCA、CPT、CIP 三种术语的交货地点则视不同的运输方式和不同的约定而定,它可以是出口地某运输工具上,也可以是承运人的运输站或其他地点,至于风险和费用则于卖方将货物交由承运人保管时转移给买方。

3. 装卸货费用负担不同

FOB、CIF、CFR 三种术语,在租船运输情况下,有关装卸货费用必须通过贸易术语的变形或合同具体规定来确定。而 FCA、CPT、CIP 三种术语由于其风险费用的转移以货交承运人为界,因此就不存在上述问题,装卸货费用均由支付运费的一方承担。

4. 运输单据不同

FOB、CIF、CFR 条件下卖方一般提供海运提单;而 FCA、CPT、CIP 条件下,买方提交的运输单据因运输方式不同而不同,如铁路运单、航空运单、国际多式联运单据等。

5. 运费负担不同

按 FOB、CIF、CFR 术语,运费主要指从装运港到目的港的海运运费;而 FCA、CPT、CIP 术语,运费则包括从出口国指定地点到进口国指定地点,中间可能涉及几种不同的运输方式。

6. 保险的内容不同

FOB、CIF、CFR 主要涉及的是海洋货物运输保险;而 FCA、CPT、CIP 则涉及各种运输方式下的货物保险。

>>>>>> ——————————————

第三节　其他贸易术语

一、EXW

EXW(ex works … named place)——工厂交货(……指定地点),是指当卖方在其所在地或其他指定的地点(如工场、工厂或仓库等)将货物交给买方处置时,即完成交货,卖方不办理出口清关手续或将货物装上任何运输工具。

该术语是卖方承担责任最小的术语,买方必须承担在卖方所在地受领货物后的全部费用和风险。需注意的是:若双方希望在起运时卖方负责装载货物并承担装载货物的全部费用和风险,则须在销售合同中明确写明。在买方不能直接或间接地办理出口手续时,不应使用该术语,而应使用 FCA(卖方同意装载货物并承担费用和风险)。

二、FAS

FAS(free alongside ship … named port of shipment)——船边交货(……指定装运港),是指卖方在指定的装运港将货物交到船边,即完成交货。买方必须承担自那时起货物灭失或损坏的一切风险。

需要特别注意的是:FAS 术语要求卖方办理出口清关手续。但是,如当事人希望买方办理出口手续,需要在销售合同中明确写明。该术语仅适用于海运或内河运输。

三、DAF

DAF(delivered at frontier … named place)——边境交货(……指定地点),是指卖方在边境的指定地点和具体交货点,在近邻国家海关边界前,将仍处于交货的运输工具上尚未卸下的货物交给买方处置,办妥货物出口清关手续但尚未办理进口清关手续时,即完成交货。"边境"一词可用于任何边境,包括出口国边境。因而,用指定地点和具体交货点来准确界定所指边境,这是极为重要的。

这里有两个问题需要注意:

(1) 如当事人各方希望卖方负责从交货运输工具上卸下并承担卸货的风险和费用,则应在销售合同中明确写明。

(2) 该术语可用于陆地边界交货的各种运输方式,当在目的港上或码头交货时,应使用 DES 或 DEQ 术语。

四、DES

DES(delivered ex ship … named port of destination)——目的港船上交货(……指定目的港),是指在指定的目的港,货物在船上交给买方处置,但不办理货物进口清关手续,卖方即完成交货。卖方必须承担货物运至指定目的港卸货前的一切风险和费用。如果当事各方希望卖方负担卸货的风险和费用,则应使用 DEQ 术语。只有当货物经由海运或内河运输或多式联运在目的港船上交货时,才能使用该术语。

DES 和 CIF 都适用于海运和内河运输,而且在主要价格构成上有相同之处,即货价中都包含了运费和保险费。但买卖双方的货物交接手续、费用和风险责任划分不同。主要表现在以下四个方面:

(1) 交货性质不同。CIF 是象征性交货,买方应凭单付款;DES 是实际交货,卖方必须把货物置于买方实际控制之下,买方才有责任付款。

(2) 费用和风险的责任划分不同。CIF 以装运港船舷为界;而 DES 以目的港船上为界。

(3) 保险性质不同。CIF 中卖方办理保险是一种义务,应按合同或惯例规定履行;而 DES 卖方是为自己买保险,不构成一种义务。

(4) CIF 合同为装运合同。CIF 只规定装运时间,卖方无需保证到货;DES 合同为到货合同,必须规定到货时间,卖方必须在规定时间将货物运抵指定目的港。

五、DEQ

DEQ(delivered ex quay … named port of destination)——目的港码头交货(……指定目的港),是指卖方将货物运至买方指定目的港码头将货物交给买方处置,不办理进口清关手续,即完成交货。卖方应承担将货物运至指定目的港并卸至码头的一切风险和费用。

需要注意以下几个问题:

(1) DEQ 术语要求买方办理进口清关手续并在进口时支付一切办理海关手续的费用、关税、税款和其他费用。这也是《2000 通则》中有实质性变化的内容。

(2) 如果当事人希望卖方负担全部或部分进口时交纳的费用,则应在销售合同中明确写出。

(3) 只有当货物经海运、内河运输或多式联运且在目的港码头卸货时,才能使用该术语。但是,如果当事人希望卖方负担将货物从码头运至港口以内或以外的其他点(仓库、终点站、运输站等)的义务,应使用 DDU 或 DDP 术语。

六、DDU

DDU(delivered duty unpaid … named place of destination)——未完税交货(……指定目的地),是指卖方在指定目的地将货物交给买方,不办理进口清关手续,也不从交货的运输工具上将货物卸下,即完成交货。卖方应承担货物运至指定的目的地的一切费用和风险,不包括在需要办理海关手续时在目的地国家进口应交纳的任何进口税费(包括办理一切海关手续责任和风险以及交纳手续费、关税、税款和其他费用)。买方必须承担此项税费和因其未能及时办理货物进口清关手续而引起的费用和风险。

但是,如果双方希望卖方办理海关手续并承担因此而发生的费用和风险,以及在货物进口时应支付的一些费用,则应在销售合同中明确写明。

该术语适用于各种运输方式,但当货物在目的港船上或码头交货时,应使用 DES 或

DEQ 术语。

七、DDP

DDP(delivered duty paid … named place of destination)——完税后交货(……指定目的地),是指卖方在指定的目的地,办理完进口清关手续,将在交货运输工具上尚未卸下的货物交与买方,即完成交货。卖方必须承担将货物运至目的地的一切风险和费用,包括在需要办理海关手续时在目的地应交纳的任何进口税费(包括办理一切海关手续、交纳海关手续费、关税、税款和其他费用的责任和风险)。DDP 术语下卖方承担最大责任。

需要注意以下几个问题:

(1) 若卖方不能直接或间接地取得进口许可证,则不应使用该术语。

(2) 如当事方希望将任何进口时所需要支付的一些费用(如增值税)从卖方的义务中排除,则应在销售合同中明确写明。

(3) 若当事方希望买方承担进口的风险和费用,则应使用 DDU 术语。

(4) 该术语可用于所有运输方式,但当货物在目的港船上或码头交货时应使用 DES 或 DEQ 术语。

为了便于理解和掌握,现将 13 种贸易术语的手续办理、风险转移、费用负担及责任归属等归类汇总,见表 2-10。

表 2-10 13 种贸易术语对比表

术　语	交货地点	运　输	保　险	出口手续	进口手续	风险转移	适用的运输方式
EXW	出口国工厂	买　方	买　方	买　方	买　方	交货地转移	任何运输方式
FAS	装运港船边	买　方	买　方	卖　方	买　方	交货地转移	海运及内河运输
DAF	进出口边境	买　方	买　方	卖　方	买　方	交货地转移	任何运输方式
DES	目的港船上	卖　方	卖　方	卖　方	买　方	交货地转移	海运及内河运输
DEQ	目的港码头	卖　方	卖　方	卖　方	买　方	交货地转移	海运及内河运输
DDU	进出国指定地点	卖　方	卖　方	卖　方	买　方	交货地转移	任何运输方式
DDP	进出国指定地点	卖　方	卖　方	卖　方	卖　方	交货地转移	任何运输方式
FOB	装运港	买　方	买　方	卖　方	买　方	装运港船舷	海洋及内河运输
CIF	装运港	卖　方	卖　方	卖　方	买　方	装运港船舷	海洋及内河运输
CFR	装运港	卖　方	买　方	卖　方	买　方	装运港船舷	海洋及内河运输
FCA	出口国指定地点	买方	买　方	卖　方	买　方	货交承运人	任何运输方式
CIP	出口国指定地点	卖　方	卖　方	卖　方	买　方	货交承运人	任何运输方式
CPT	出口国指定地点	卖　方	买　方	卖　方	买　方	货交承运人	任何运输方式

第四节　价格的掌握

在进出口贸易中,价格问题最为敏感,最为复杂,不但要从宏观上掌握市场行情的变化,熟悉市场营销的各种价格策略,同时也必须清楚进出口贸易中商品价格的基本构成和作价方法。

一、掌握价格换算方法

在进出口贸易中,不同的贸易术语表示其价格构成因素不同,即包括不同的从属费用。例如,FOB 术语中不包括从装运港至目的港的运费和保险费;CFR 术语中则包括从装运港至目的港的通常运费;CIF 术语中除包括从装运港至目的港的通常运费外,还包括保险费。在对外交易磋商过程中,有时一方按某种贸易术语报价时,对方要求改按 CIF 或 CFR 报价,这就涉及价格的换算问题。了解贸易术语的价格构成及其换算方法,是从事进出口贸易人员所必须掌握的基本知识和技能。本书介绍最常用的 FOB、CFR 和 CIF 三种价格的换算方法及公式。

（一）FOB 价换算为其他价

CFR 价＝FOB 价＋运费

CIF 价＝(FOB 价＋运费)÷(1－保险费率×投保加成)

（二）CFR 价换算为其他价

FOB 价＝CFR 价－运费

CIF 价＝CFR 价÷(1－保险费率×投保加成)

（三）CIF 价换算为其他价

FOB 价＝CIF 价×(1－保险费率×投保加成)－运费

CFR 价＝CIF 价×(1－保险费率×投保加成)

二、出口商品的价格构成

进出口商品的价格构成可用下面的公式表示:

出口商品的价格＝成本＋费用＋利润

（一）成本

成本是指不含税(增值税)成本,即退税后的实际成本。外贸生产企业出口商品的含税成本就是生产成本,外贸公司出口商品的含税成本就是其商品的采购成本。含税成本与不含税成本的换算关系为:

不含税的实际成本＝含税成本×[1－出口退税率/(1＋增值税税率)]

（二）费用

费用包括国内费用和国外费用两部分。

（1）国内费用。国内费用包括企业经营管理费、包装费、仓储费、国内运费、港口费、商检费、报关费、办证费等。

（2）国外费用。采用 FOB 术语时没有国外费用，采用 CFR 术语时国外费用指出口运费，采用 CIF 术语时国外费用指出口运费与保险费之和。

（三）利润

利润是指卖方的预期利润。

【例2-1】某公司出口某种商品，进货成本为每台 165 人民币元，出口各项费用共计每台 12.8 人民币元，公司所定的利润率为进货成本和各项费用之和的 10%，则对外报出的 FOB 价应是多少美元？（USD1＝CNY7.78）

解：FOB 价＝进货成本＋国内费用＋净利润＝

$$165＋12.8＋(165＋12.8)\times10\%＝195.58（人民币元）$$

则出口公司应报 FOB 价为每台 25.14 美元。

三、出口商品的报价方法

出口商品的报价从总体上来说主要涉及佣金和折扣两个方面。

（一）佣金

1. 佣金的有关概念

佣金（commission）又称手续费，是指中间商介绍交易或代买代卖商品而收取的报酬。佣金的原意就是买卖双方通过第三者达成交易，由买方或卖方或双方付给第三者的报酬。这个第三者就是中间商，也称佣金商或经纪人。在进出口贸易实务中，把货价中包含佣金在内的叫"含佣价"，价格中不含佣金的叫"净价"。凡在合同中价格条款明确标示佣金百分比的叫"明佣"。货价中包含佣金，但不标明佣金百分比，甚至"佣金"字样也不标示出来的，叫"暗佣"。

2. 佣金的表示方法

佣金的规定应合理，其比率一般在 1%～5% 之间，不宜偏高。其表示方法有以下几种：

（1）在商品价格中包括佣金时，通常用文字来表示。例如，每公吨 500 美元 CFR 伦敦包括 2% 佣金（USD500 per M/T CFR London including 2% commission）。

（2）在贸易术语后加注佣金的缩写英文字母"C"和佣金的百分比表示。例如，USD 500 per M/T CFRC 2% London 或 USD 500 per M/T CFRC2 London。

（3）如中间商为了从买卖双方获取"双头佣金"或为了逃税，有时要求在合同中不规定佣金，而另按双方暗中达成的协议支付。

3. 佣金的计算

（1）佣金的有关计算公式如下：

$$佣金额＝含佣价\times佣金率$$
$$净价＝含佣价－佣金额$$
$$含佣价＝净价\div(1－佣金率)$$

（2）FOB 的含佣价（用 FOBC 来表示）＝FOB 净价/(1－佣金率)

（3）CFR 的含佣价（用 CFRC 来表示）＝CFR 净价/(1－佣金率)

（4）CIF 的含佣价（用 CIFC 来表示）＝CIF 净价／（1－佣金率）

【例 2-2】原报价每箱 100 美元净价 FOB 上海，如外商要求改报 FOBC5％，为保持我方净收入不变，我对外报价应为多少？

解：含佣价＝净价÷（1－佣金率）＝100÷（1－5％）＝105.26（美元）

【例 2-3】我向西欧某客商推销某商品，发盘价格为每公吨 1 150 英镑 CFR 西欧某港口，对方复电要求改按 FOB 中国口岸定价，并给予 2％佣金。查自中国口岸至西欧某港口的运费每公吨 170 英镑，我方如要保持外汇收入不变，改按买方要求条件报价，应为何价？

解：FOB 价＝CFR 价－运费＝1 150－170＝980（英镑）

　　FOB 含佣价＝净价÷（1－佣金率）＝980÷（1－2％）＝1 000（英镑）

（二）折扣

1. 折扣的有关概念

折扣（discount）是指卖方按原价给予买方一定百分比的减让，即在价格上给予适当的优惠。进出口贸易中使用的折扣，名目很多，除一般折扣外，还有为扩大销售而使用的数量折扣（quantity discount），为实现某种特殊目的而给予的特别折扣（special discount）以及年终回扣（turnover bonus）等。凡在价格条款中明确规定折扣率的叫做"明扣"；凡交易双方就折扣问题已达成协议，而在价格条款中都不明示折扣率的叫做"暗扣"。折扣直接关系到商品的价格，货价中是否包括折扣和折扣率的大小，都影响商品价格。折扣率越高，则价格越低。折扣如同佣金一样，都是市场经济的必然产物，正确运用折扣有利于调动采购商的积极性和扩大销路，在进出口贸易中，它是加强对外竞销的一种手段。

2. 折扣的表示方法

（1）在规定价格条款时，用文字明确表示出来。例如，CIF 伦敦每公吨 200 美元，折扣 3％（USD200 per metric ton CIF London including 3％ discount）。此例也可这样表示：CIF 伦敦每公吨 200 美元，减 3％折扣（USD200 per M／T CIF London less 3％ discount）。

（2）用绝对数表示。例如，每公吨折扣 6 美元。

（3）在进出口贸易实务中，也有用"CIFD"或"CIFR"来表示 CIF 价格中包含折扣。这里的"D"和"R"是"Discount"和"Rebate"的缩写。鉴于在贸易术语中加注的"D"和"R"含义不清，可能引起误解，故最好不使用此缩写语。

需要注意的是：当交易双方采取"暗扣"的做法时，则在合同价格条款中不予规定，有关折扣的问题，按交易双方暗中达成的协议处理。这种做法属于不公平竞争。公职人员或资方雇佣人员拿"暗扣"，应属贪污受贿行为。

3. 折扣的计算

折扣通常是以成交额或发票金额为基础计算出来的。其计算方法如下：

折扣额＝原价（或含折扣价）×折扣率

折扣价＝原价－折扣额＝原价×（1－折扣率）

【例 2-4】某出口商品对外报价为 FOB 上海价每打 50 美元，含 3％折扣，现出口该商品 1 000 打，试计算其折扣额和实际收汇。

解：折扣额 ＝ 1 000×50×3％ ＝ 1 500（美元）

折扣价 $= 50 \times (1 - 3\%) = 48.5$（美元）

实收外汇 $= 48.5 \times 1\,000 = 48\,500$（美元）

或　实收外汇 $= 50\,000 - 1\,500 = 48\,500$（美元）

四、企业经济效益核算

出口企业的经济效益一般是通过成本和收入的比较来衡量的，主要的核算指标有：出口商品换汇成本、出口商品盈亏率和出口创汇率等三项。在成本计算方面把成本算到出口起运前为止称为出口总成本，而不把出口后的国外费用包括在内；在收入计算方面，把各种不同的成交价格条件统一以 FOB 价作为净收入，并称为出口外汇净收入，而把可能发生在运输、保险费和佣金方面的外汇收入给予扣除，这是因为运费、保险费实际上已归运输公司、保险公司和中间商，并不能算作是出口企业的收入。

（一）出口商品换汇成本

出口商品换汇成本是指出口商品用多少人民币元换回一单位外汇（美元）。外汇统一以美元表示，其他货币的外汇收入也都按当日汇率折算成美元。其计算公式如下：

出口商品换汇成本＝出口总成本（人民币元）（退税后）÷ 出口销售外汇净收入（美元）

其中：

出口总成本＝出口商品进价（含增值税）＋国内费用－出口退税收入

出口退税收入＝出口商品进价（含增值税）÷（1＋增值税税率）×退税率

一般将出口商品换汇成本同美元与人民币元的汇率比较来决定盈亏。出口商品换汇成本小于银行当天汇率的买入价，为盈利；若大于银行当天汇率的买入价，则为亏损。

【例 2-5】 我国甲公司出口新加坡乙公司货物，总货价是 CIF 新加坡 80\,000 美元，其中从上海到新加坡的海运费是 3\,800 美元，保险费是 176 美元，该货物的出口总成本是 58 万人民币元，试计算该货物的换汇成本（结果保留两位小数点）。

解：出口销售净收入＝CIF 价－运费－保险费＝80\,000－3\,800－176＝76\,024（美元）

出口商品换汇成本＝出口总成本（人民币元）（退税后）÷ 出口销售外汇净收入（美元）＝580\,000÷76\,024＝7.63（人民币元/美元）

【例 2-6】 某出口商品每公吨进货成本为 7\,000 人民币元，商品流通费为 2\,000 人民币元，成交价为 CIF 每公吨 1\,200 美元，其中含运费 42.37 美元，保险费 8.58 美元。求该商品的换汇成本？

解：出口商品换汇成本＝出口总成本（人民币元）（退税后）÷ 出口销售外汇净收入（美元）＝（7\,000＋2\,000）÷（1\,200－42.37－8.58）＝7.83（人民币元/美元）

（二）出口商品盈亏率

出口商品盈亏率是指出口商品盈亏额与出口总成本的比率。出口盈亏额是指出口销售人民币净收入与出口总成本的差额，前者大于后者为盈利，反之为亏损。其计算公式如下：

$$出口商品盈亏率 = \frac{出口销售人民币净收入 - 出口总成本}{出口总成本} \times 100\%$$

【例2-7】某外贸公司出口一种商品至某国,出口价格条件为每公吨9 850美元,CIF横滨。其中中国口岸至横滨的海上运输费和保险费共计占15%。结汇时中国银行外汇牌价为1美元折合7.67人民币元。试计算每公吨出口销售人民币净收入金额。

解:FOB 中国口岸价=CIF价-运费-保险费=9 850-9 850×15%=8 372.5(美元)

出口销售人民币净收入=7.67×8 372.5=64 217.08(人民币元)

【例2-8】某商品出口总成本为68 000人民币元,出口后,外汇净收入为9 500美元,如果中国银行的外汇牌价为100美元折合778人民币元,请计算该笔出口的盈亏率。

解:出口商品盈亏率=$\dfrac{\text{出口销售人民币净收入}-\text{出口总成本}}{\text{出口总成本}}×100\%=$

$$\dfrac{9\,500×7.78-68\,000}{68\,000}×100\%=8.67\%$$

（三）出口创汇率

出口创汇率是指加工后成品出口的外汇净收入与原料外汇成本的比率。如原料为国产的,其外汇成本可按原料的FOB出口价计算。如原料是进口的,则按该原料的CIF价计算。通过出口的外汇净收入和原料外汇成本的对比,则可看出成品出口的创汇情况,从而确定出口成品是否有利,特别是在进料加工的情况下,核算出口创汇率这项指标,更有必要。其计算公式如下:

$$\text{出口创汇率}=\dfrac{\text{成品出口外汇净收入}-\text{原料外汇成本}}{\text{原料外汇成本}}×100\%$$

为了统一计算标准,便于比较,具体计算时,原料外汇成本有以下三种情况:

（1）原辅材料全部进口,则原辅材料外汇成本统一按CIF价格为标准计算。

（2）原辅材料全部国产,则原辅材料外汇成本统一按FOB出口价格为标准计算。

（3）原辅材料部分进口、部分国产,则进口的以CIF计算其原辅材料外汇成本,而国产按FOB计算,两者加起来即为原辅材料外汇成本。

上式使用外汇货币,一般用美元,但也可以用其他货币。但不管用何种货币计算,原料外汇成本和成品出口的外汇收入必须是同一种货币,才能进行百分率计算。

【例2-9】某外贸公司按CIF价从国外进口原棉一批共支付外汇6 000美元,加工成棉布出口,净收入外汇为7 100美元,其外汇增值率为多少?

解:出口创汇率=$\dfrac{\text{成品出口外汇净收入}-\text{原料外汇成本}}{\text{原料外汇成本}}×100\%=$

$$\dfrac{7\,100-6\,000}{6\,000}×100\%=18.33\%$$

第五节 合同中的价格条款

一、单价

在进出口贸易合同中,价格条款的内容一般包括单价和总值两部分。

单价一般有 4 个组成部分，即计量单位、单位价格金额、计价货币和贸易术语。例如，

每公吨	500	美元	CIF 伦敦
计量单位	单位价格金额	计价货币	贸易术语

(1) 计量单位。每公吨、每打、每件等。必须明确计量单位采用何种度量衡制度。因为不同制度的计量单位所表示的商品实际量差别很大。应与数量条款所用的计量单位一致，如计量单位为"公吨"，则数量和单价中均应用"公吨"，而不能一个用"公吨"，另一个用"长吨"或"短吨"。

(2) 单位价格金额。一个单位商品的价格。应按双方协商一致的价格，正确填写在书面合同中。如在出口合同中把金额写错，低于原来商定的金额，或在进口合同中错写成高于原来商定的金额，对方如将错就错，将使卖方遭受损失。因为单位价格金额或书面合同中的条款如写错，而又经当事人双方签署确认，按国际贸易法律是可以因此而否定或改变磋商时谈定的条件的。

(3) 计价货币。英镑、美元、欧元等。要正确写明计价货币的名称。世界上很多国家货币单位的名称是相同的，但币值差别很大。所以，必须写明是哪一国货币。如"元"有美元、日元、港元、人民币元之分。在简写时应采用习惯表示法或国际货币标准名称，见表2-11。还应特别注意在单据、信用证方面的一致性。

表 2-11 常用计价货币

货 币 名 称	习 惯 表 示	ISO 国际标准
人民币元	RMB¥	CNY
英 镑	£	GBP
美 元	US$	USD
港 元	HK	HKD
瑞士法郎	SF	CHF
日 元	J¥	JPY
欧 元	€	EUR

(4) 价格术语。FOB 大连、CFR 香港、CIF 纽约等。价格术语的表示要准确、完整。无论采用何种贸易术语，均需根据不同情况加注装运港(地)或目的港(地)。出口实务中目的港(地)或进口实务中的装运港(地)在世界上有相同名字的，为避免产生误解引起纠纷，必须注明国别、地区名称。同时应注意在价格术语后不要随意加缀，以免改变该价格术语的含义。例如，每打 5 港元 CIF 香港净价，HKD5.00 per dozen net CIF Hong Kong；每短吨 200 美元 CIF 纽约，USD 200 per S/T CIF New York。

二、总值

总值就是单价同成交数量的乘积,即一笔交易总金额。

 本章小结

　　本章主要讲述了《2000 通则》中的 13 种价格术语、合同中价格条款的规定方法、出口商品成本核算、价格核算、佣金和折扣等方面的一些基本知识和操作技能。其中 FOB、CFR 和 CIF 这三种主要贸易术语在实际业务中被经常采用。而价格计算是一个较为复杂而又极为重要的问题,本章论及了多个计算公式,需要反复练习并熟练掌握。进出口贸易合同中价格条款的主要内容及其制定是本章学习的最终目的,价格条款是进出口贸易合同的核心内容,制约着合同中的其他条款。

练习题

[识记　填空]

1. _____ 是有关贸易术语的国际贸易惯例中,包含内容最多,使用范围最广和影响最大的一种。

2.《1932 年华沙—牛津规则》是国际法协会专门为解释 _____ 合同而制定的。

3. 在同美商交易时,应注意《1941 年美国对外贸易定义修订本》中对 _____ 的解释与《2000 通则》中对 FOB 的解释的区别。

4. 按照《2000 通则》的解释,买卖双方费用与风险划分的地点相分离的术语是 _____ 组。

5. 贸易术语是表示商品价格的构成以及买卖双方在货物交接过程中有关 _____ 方面的划分。

6. 根据《2000 通则》的规定,仅适用于海运或内河运输方式的贸易术语有 6 个,即 _____。

7. 在以 CIF 和 CFR 术语成交的条件下,货物运输保险分别由卖方和买方办理,运输途中货物灭失和损坏的风险同由 _____。

[是非　判断]

1. 根据《2000 通则》,CFR Tokyo 贸易术语的货物交接地点是在东京。(　　　)

2. 在 FOB 条件下,如合同未规定"装船通知"条款,则卖方将货物装船后可不必发装船通知。(　　　)

3. CIF ex ship's hold 与 DES 相比,卖方承担的风险大于 DES。(　　　)

4. 含佣价=净价/(1—佣金率),其中的净价一定是 FOB 价。(　　　)

5. 佣金是对中间商提供服务的报酬,而折扣则是对买方提供的一定程度的价格优惠。( )

6. EXW 术语是买方承担责任、费用和风险最小的术语。( )

7. 上海东海进出口公司出口某大宗商品,如果使用 FOB liner terms 贸易术语,则意味着买方必须用班轮运输货物。( )

8. 在海轮能直接靠岸的情况下,DES 是名副其实的"到岸价"。( )

[选择 理解]

1. 按照《2000 通则》的规定,以 FOBS 贸易术语的变形成交,买卖双方风险的划分界限是( )。

    A. 货交承运人   B. 货物在装运港越过船舷

    C. 货物在目的港卸货   D. 装运港码头

2. 大连某进出口公司对外以 CFR 报价,如果该公司采用多式联运,应采用( )术语为宜。

    A. FCA   B. CIP   C. DDP   D. CPT

3. 下列贸易术语中,由卖方办理投保手续的是( )。

    A. FOB   B. FCA   C. CPT   D. CIP

4. 下列术语中卖方不负责办理出口手续及支付相关费用的是( )。

    A. FCA   B. FAS   C. FOB   D. EXW

5. 贸易术语 CIFC 代表的是( )。

    A. 含佣金价   B. 含预付款价

    C. 含折扣价   D. 净价

6. 我方出口大宗商品,按 CIF Tokyo 术语成交,合同规定采用租船运输,如我方不想负担卸货费用,我方应采用的贸易术语变形是( )。

    A. CIF liner terms Tokyo   B. CIF landed Tokyo

    C. CIF ex ship's hold Tokyo   D. CIF ex tackle Tokyo

[实训 提高]

1.《2000 通则》买卖双方责任义务划分的角色扮演。

由学生分别代表商务活动中的买方和卖方,结合《2000 通则》中几个主要贸易术语进行商务谈判,掌握《2000 通则》中主要贸易术语买卖双方的责任、费用与风险的划分。

2. 下列我方出口报价是否正确? 如有问题请予更正,并写出正确的英文单价。

(1) 每码 3.5 元 CIFC 香港。

(2) 每箱 100 英镑 CFR 英国。

(3) 每打 6 元 FOB 纽约。

(4) 每双 10 瑞士法郎 FOB 净价减 1% 折扣。

(5) 2 000 日元 CIF 大连包括 3% 佣金。

3. 根据下列条件填制销售确认书中的价格条款。

某公司出口 500 打男式纯棉衬衫,纸箱装,100 箱,价格为每打 150 美元 CIF 伦敦,价格中含有 5‰佣金。

销售确认书
SALES CONFIRMATION

经买卖双方同意成交下列商品,订立条款如下: This contract is made by and agreed between the buyer and seller, in accordance with The terms and conditions stipulated below.				
唛头 Marks and Numbers	名称及规格 Description of goods	数量 Quantity	单价 Unit Price	金额 Amount
总值 Total				

4. 我某公司出口一批货物,CIF 发票金额为 45 500 英镑,按合同规定加一成,险别为水渍险,保险费率 0.5‰,现客户要求改报 CFR 价,如我方同意,为不影响收汇,应报 CFR 价为多少?

5. 我外贸公司出口某商品 1 000 箱,该货每箱收购 100 人民币元,国内费用为收购价的 15‰,出口后每箱可退税 7 人民币元,外销价每箱 19 美元 CFR 曼谷,每箱应付海运运费 1.2 美元,试计算该商品的换汇成本是多少?

6. 某公司对外某商品每箱 50 美元 CIF 纽约。国外要求改报 CFR 纽约,并给予 5‰佣金,设保险费率 1.05‰,按发票金额的 110‰投保,应报多少美元?

7. 我某公司出口某商品 1 000 箱,对外报价为每箱 20 美元 FOBC2‰广州,外商要求将价格改报为每箱 CIFC5‰汉堡。已知运费为每箱 1.5 美元,保险费为 FOB 价的 0.6‰。请问:① 要维持出口销售外汇净收入不变,CIFC5‰应改报为多少? ② 已知进货成本为 150 元人民币/箱,每箱的商品流通费为进货成本的 3.5‰,出口退税为 32 元人民币/箱。该商品的出口销售盈亏率及换汇成本是多少?

8. 我某公司以 CFR 价出口一批货物,装运后即以电报形式向买方发出装船通知,但对方没有收到此通知,因而未及时投保,结果船在运输途中沉没,货物全部损失,买方向我方提出索赔,我方应如何处理?如果此事系我方未及时发出装船通知引起的,又该如何处理?

9. 某公司以 CIF 价格向外商出口一批季节性较强的货物。双方在合同中规定:卖方须保证运货船只不得迟于 12 月 1 日抵达目的港。如迟于 12 月 1 日抵达,买方有权撤销合同。如货款已收,卖方须将货款退还买方。请问:这一合同的性质还属于 CIF 合同吗?为什么?

3

第三章　　　　　　　国际货物运输

学习目的

1. 合理选用货物运输方式
2. 掌握海运提单的性质作用
3. 熟练运用和填制装运条款

第一节　海洋运输

在国际货物运输中,海洋运输是一种主要的运输方式,它占国际贸易运输总量的80%以上。海洋运输具有运量大、运费便宜等优点,也存在速度慢、航期不准、风险大等缺点。

按照船舶营运方式,海洋运输可以分为班轮运输和租船运输。

一、班轮运输

班轮运输(liner transport)又称定期船运输,是指船舶按照"四定一负责"的原则营运货物的一种运输方式。特别适应零星小批量的件杂货的运输,且负责办理转运。

（一）班轮运输的特点

(1)"四定一负责"。"四定"是指固定的航行时间表、固定的航线、固定的挂靠口岸和相对固定的运费率。"一负责"是指承运人负责装货和卸货。班轮运输中一般不规定装卸时间,也不计速遣费和滞期费。

(2)班轮提单背面有承运人与托运人的权利与义务条款。

（二）班轮运费

1. 运费的构成

班轮运费由基本运费和附加费构成。基本运费是对任何一种商品都要计收的运费,其计算公式如下:

$$基本运费＝装船费＋主运费＋卸货费$$

附加费是根据特殊需要而计收的,其名目繁多。主要有超重(长)附加费、直航(转船)附加费、港口(拥挤)附加费、冰冻附加费、燃油附加费、货币贬值附加费等。

2. 班轮运价表

班轮运费通常是按照班轮运价表(liner freight tariff)的规定来计收的。目前,国际航运业务中,班轮运价表的种类很多,我国外贸进出口货物按照使用不同的班轮运输,采用不同的运价表。其中,班轮以及租船作为班轮承运我外贸进出口货物和援外物资时,采用《中国远洋货物运输集团第一号运价表》(简称《中运表》);外国或侨资班轮承运我外贸进出口货物时,采用《中国对外贸易运输总公司第三号运价表》;对美国进出口货物的运价,采用中国远洋运输集团总公司制定的《中国远洋运输公司美国航线第十七号运价表》及香港华夏公司制定的《华夏八号运价表》。

3. 班轮运费的计收标准

根据不同的商品,班轮基本运费的计收标准通常采用下列几种:

(1) 按货物的重量(毛重)计收,称重量吨,在运价表内用"W"表示。1重量吨一般指1公吨,有时也指1长吨或1短吨。

(2) 按货物的体积/容积计收,称尺码吨,在运价表内用"M"表示。1尺吨一般指1立方米,有时也指1立方英尺。

以上两种计算运费的重量吨和尺码吨统称为运费吨。

(3) 按货物重量或体积从高计收,在重量吨和尺码吨两种标准中从高收费,在运价表内用"W/M"表示。

(4) 按商品的价格(FOB总值)计收,即按从价运费收取,在运价表内用"A. V."或"Ad val."(拉丁文 ad valorem,意即从价)表示。

(5) 按货物的重量、体积或价值三者中选较高的一种计收运费,在运价表中用"W/M or A. V."表示。

(6) 按货物重量或体积选择其高者,再加上从价运费计收,即先按照货物重量或体积两种标准中择高计收,然后另加一定百分比的从价运费,在运价表中以"W/M plus A. V."表示。

(7) 按货物个数(件数)计收。

(8) 按货主和船公司临时议定议价计收。此种标准一般适用较大的托运量,在运价表中用"open"表示。

附加运费可以按每一计费吨加收若干额度计收,也可以按基本运费的一定比例计收。

4. 班轮运输的计算方法

具体业务中,对于件杂货班轮运输的计算,一般按下列步骤:

(1) 据商品的英文名称从货物等级表中查出该商品的等级和计费标准。(若按"W/M"计,则将单位重量折成公吨,单位体积折成立方米,折高计收。)

货物名称	计费标准	等级
Agricultural Machine	W	10
Beans	W	5
Clocks	W/M	8
……	……	……

（2）据该等级和计费标准，在航线费率表中查出这种商品的基本费率。例如，

广州—伦敦航线费率表

货物等级	基本费率（美元/运费吨）
1	50
5	100
10	200
……	……

（3）查询该商品的附加费、计收方法和费率。

（4）该商品的基本费率和附加费率（或单位附加费）之和即为每一运费吨的单位运价。

（5）单位运价乘以该商品的总重量或体积即得出总运费。

在没有任何附加费的情况下，其计算公式为：

$$总运费＝基本费率×货运量$$

即

$$F = f \times Q$$

式中 F 为总运费，f 为基本费率，Q 为货运量。

在拥有附加费，且附加费按基本费率的百分比收取的情况下，其计算公式为：

$$F = f \times Q \times (1 + S_1 + S_2 + \cdots + S_n)$$

式中 $S_1, S_2, \cdots, S_n$ 为各项附加费的百分比。

【例3-1】 某外贸公司出口科威特文具1 000箱，每箱毛重30千克，体积0.035立方米。货物由大连港装中国对外贸易运输公司轮船，运往科威特。据查计收标准为 W/M，从大连至科威特基本费率为76美元/运费吨，直航附加费为5美元/运费吨。试计算应付船公司运费。

解：该批货物的单位尺码（0.035立方米）比单位重量（30÷1 000＝0.03吨）高，根据题意计收标准为 W/M，所以按尺码吨计收。

应付船公司总运费＝基本费＋附加费 ＝76×0.035×1 000＋5×0.035×1 000＝2 835（美元）

二、租船运输

租船运输（charter transport）又称不定期船运输，它与班轮运输不同，无"四定一负责"的特点。采用租船方式来运输货物时应签订租船运输合同。租船运输一般分为定程租船（voyage charter）、定期租船（time charter）及光船租船（bare boat charter）三种。近年来，国际上发展起一种介于定程租船和定期租船之间的租船方式，即航次期租（time charter on trip basis, TCT），这是以完成一个航次运输为目的，按完成航次所花的时间，按约定的租金率计算租金的方式。

租船运输通常使用于大宗货物的运输，因此，我国大宗货物如粮食、油料、矿产品和工业原料等进出口通常采用租船运输方式。就外贸企业来说，使用较多的租船方式是定程租船。

定程租船运费主要包括租船运费、装卸费以及速遣费等。

1. 定程租船运费

定程租船运费的计算方式主要有两种：一种是按运费率(rate of freight)，即规定每单位重量或单位体积的运费额，同时还要规定是按装船时的货物重量还是按卸船时的货物重量来计算总运费的方法；另一种是整船包价，即规定一笔整船运费，船方保证船舶能提供的载货重量和容积，不管租方实际装货多少，一律照整船包价付。

2. 定程租船运输的装卸费

定程租船运输情况下，有关货物的装卸费用由租船人和船方协商确定后在定程租船合同中作出具体规定。具体做法主要有以下四种：

(1) 船方负担装货费和卸货费，又称为班轮条件(gross times, liner terms 或 berth terms)。在此条件下，船货双方一般以船边划分费用。多用于木材和包装货物的运输。

(2) 船方管装不管卸(free out, FO)，即船方负担装货费，而不负担卸货费。

(3) 船方管卸不管装(free in, FI)，即船方负担卸货费，而不负担装货费。

(4) 船方装和卸均不管(free in and out, FIO)，即船方既不负担装货费，也不负担卸货费。这种条件一般适用散装货。采用这一规定方法时，必要时还需明确规定理仓费和平舱费由谁负担，如规定由租方负担，则称为船方不管装卸、理舱和平舱(free in and out, stowed and trimmed, FIOST)条款。

在定程租船运输情况下，装卸货时间的长短影响到船舶的使用周期，直接关系到船方利益。因而在租船合同中，除需规定装卸货时间外，还需要规定一种奖励处罚措施如速遣费、滞期费，以督促租船人实现快装快卸。

第二节　其他运输方式

一、陆上运输

（一）公路运输

公路运输是进出口贸易运输和国内车站、港口和机场集散物资的主要方式之一，具有灵活、简便、快捷、直达等优点，但其运量不大，费用偏高。我国与毗邻国家如俄罗斯、朝鲜、缅甸、尼泊尔等国均有公路相通，与这些国家的贸易可采用公路运输方式。通过深圳文锦渡去香港的公路，将内陆公路运输与香港海运、空运连接起来，便于内陆物资外运。

（二）铁路运输

在进出口贸易货物运输中，铁路运输仅次于海洋运输。特别是在内陆国家的贸易中，铁路运输起着更为重要的作用。即使以海洋运输的进出口货物，也大都是靠铁路进行货物的集散的。它一般不受气候条件的影响，风险较小，运量上仅次于海运，运速上仅次于空运，但因轨道限制，不能任意改变运输路线。

外贸铁路货物运输按营运方式的不同，分为国内铁路货物运输和国际铁路货物联运两种。

1. 国内铁路货物运输

供应港、澳地区的物资经铁路运往香港九龙,或运至广州南站转船到澳门,属于国内铁路运输,但其具有"两段运输、两票托运"的特点。即先由发货人将货物运到深圳北站,由中国对外贸易运输公司深圳分公司作为各外贸企业的代理负责接货(不卸车),办理港段铁路运输托运手续,向海关申报出口,查验放行后,由香港中旅社收货再转交给香港和九龙买方。外贸出口公司(发货人)发货后,凭铁路运单,向外运公司换取承运货物收据(cargo receipt),作为承运人与托运人之间签订的运输契约,向银行办理议付结汇。

2. 国际铁路联运

凡使用一份统一的国际铁路联运票据,由铁路部门负责经过两国或两国以上铁路的全程运输,并由一国铁路向另一国铁路移交货物时,不需发货人、收货人参加的,称国际铁路货物联运,简称国际联运。

国际联运是铁路运输的重要方式,许多国家都非常重视并订立了各种协定,如欧洲各国签订《国际铁路货物运送规则》(简称《国际货约》)及欧亚诸国签订的《国际铁路货物联运协议》(简称《国际货协》),按照规定,不仅《国际货协》的参加国之间可以办理铁路联运,而且从参加国到未参加国或相反方向运送货物,亦可办理国际联运。

国际铁路联运单据是收、发货人与铁路之间签订的运输契约,也是铁路部门收到货物后签发的货物收据。国际铁路货物联运的运单共有一式五份,运单正本随货同行,到站后连同货物到达通知单及货物一并交给收货人,作为交接货物和结算费用的依据。运单副本交给发货人,作为向收货人证明货物已经发运并凭以结算货款的依据。由此可见,铁路运单不是物权凭证,不能通过背书转让,也不能凭此提货。

二、航空运输

航空运输是一种现代化的运输方式,它与海洋运输、铁路运输相比,具有运输速度快、货运质量高,且不受地面条件限制等优点,但其运费贵,载重量受限制,适宜运送急需物资、鲜活商品、精密仪器和贵重物品等。

(一)航空运输方式

航空运输方式主要有班轮运输、包机运输、航空急件传送和集中托运。集中托运是指航空货运公司把若干单独发运的货物组成整批货,用一份总运单整批发运到同一终点站,由航空货运公司在终点站的代理代为收货、报关,分拨后交给实际收货人。其收取的运费比班机运价低7%～10%,故使用较广泛。

(二)航空运价

航空货物运输的运价是指从起运机场至目的机场的运价,不包括如进出口报关、提货、交接、仓储费用等其他额外费用。航空公司规定,在货物体积小、重量大的情况下,即货物的重量大于1千克/6 000立方厘米,按该批货物的实际毛重作为计费标准,反之,则按货物的体积作为计费标准。

（三）航空运单

航空运单，简称空运单(air waybill)，是航空公司或其代理人收到其承运的货物后签发给托运人的货物收据，也是承运人与托运人之间签订的运输契约。但空运单不是代表物权的凭证，不能背书转让，收货人也不能凭此提货，收货人只能凭航空公司的到货通知单提货。航空运单正本一式三份，第一份注明"original for the shipper"，交托运人；第二份注明"original for the issuing carrier"，由航空公司留存；第三份注明"original for the consignee"，由航空公司随机带交收货人。《跟单信用证统一惯例(UCP600)》第23条规定，一般情况下，航空运单的签发日期视为装运日期，除非信用证中注明"要求实际发运日期"。

三、邮包运输

邮包运输是一种邮费不高，手续较简便的运输方式。托运人只需按邮局章程一次托运、一次付清足额邮资，取得邮政包裹收据(parcel post receipt)，交货手续即告完成。邮件在国际间的传递由各国的邮政部门负责办理，收件人凭邮局到件通知向邮局提取。邮包运输具有国际多式联运和"门到门"运输的性质，一般只适用于重量轻、体积小的货物的传递。邮包收据和航空运单性质一样，只起到收据作用和双方签订运输的契约证明的作用。

四、集装箱运输

（一）集装箱运输的基本内容

集装箱(container)又称货柜、货箱。集装箱运输是指把分散的单一货物运输包装集中在集装箱内作为一个运送单元而进行的运输方式。

集装箱运输作为一种现代化的先进运输方式具有装卸效率高、装卸费用省、船舶周转使用快、营运成本低等特点，广泛使用于海运、陆运，尤其适用于国际多式联运与大陆桥运输。空运中有时也采用集装箱。国际上通用的集装箱共有13种，其中应用最广的有2种，即8×8×40(英尺)和8×8×20(英尺)，载重量分别为24.5公吨和17.5公吨，容积分别为67立方米和30立方米。在集装箱运输中，通常以20英尺作为标准箱，它同时也是港口计算吞吐量和船舶大小的一个重要的度量单位，一般以TEU(twenty foot equivalent unit)表示，意即"相当于20英尺箱单位"。在统计不同型号的集装箱时，应按集装箱的长度换算成20英尺标准箱加以计算。

（二）集装箱的交接方式与地点

集装箱分为整箱托运和拼箱托运。整箱货(full container load，FCL)可由发货人在工厂或仓库自行装箱，也可由承运人代为装箱，直接送往集装箱堆(container yard，CY)等待装运。承运人也可在内陆货运站接箱。拼箱货(less than container load，LCL)，是指发货人将货物送交集装箱货运站(container freight station，CFS)或内陆货运站，再由承运人负责装箱。货运到目的港后，整箱货由收货人直接提走，拼箱货则由承运人在集装箱的中转站或内陆货运站分拨给各收货人。

集装箱运输货物的交接，可以采用港到港(port to port)、站到站(CFS to CFS)、场到场(CY to CY)和门到门(door to door)方式。门到门是指在发货人和收货人的工厂和仓库之间进行交接。

（三）集装箱运输的主要单证

集装箱运输单证不同于传统运输的货运单证,出口主要有场站收据(dock receipt,D/R)、集装箱装箱单(container load plan,CLP)、集装箱联运提单(combined transport B/L, CT B/L)及国际多式联运单据(multimodal transport document,MTD),而进口主要有收(交)记录(delivery record)。

五、国际多式联运

国际多式联运(international multimodal transport)是指由多式联运经营人按照多式联运合同,以至少两种不同的运输方式,将货物从一国境内接受货物的地点运至另一国境内指定地点交货的运输方式。根据《联合国国际货物多式联运公约》的解释,构成国际多式联运必须具备下列条件:

（1）必须有一个多式联运合同。

（2）必须是两种或两种以上不同运输方式的连贯运输。

（3）必须是国际间的货物运输。

（4）必须使用一份包括全程的多式联运单据,并由一个多式联运经营人对全程运输负总责任。

（5）必须是全程单一的运费率。

采用国际多式联运,货主只要办理一次委托,支付一笔费用,即可取得包括全程运输的单据,即国际多式联运单据(MTD),凭此办理议付结汇,手续简便且责任统一,由总承运人对全程运输负总责。

迄今为止,我国已开办的多式联运路线有十几条,可以在我国内地或港口与日本、中东、西北欧、新西兰、美国、加拿大和东非等地港口和内陆之间采用多式联运方式进行货物的托运。在对外成交时若采用多式联运方式,要考虑是否已开通联运路线,装运港和目的港之间是否有集装箱航线或支线,有无装卸搬迁集装箱的机构和设备,公路沿途桥梁的负荷能力以及集装箱点或启运地可否办理海关手续,货物性质是否适宜装集装箱等。

六、大陆桥运输

大陆桥运输是以集装箱为媒介,使用横贯大陆的铁路或公路运输系统作为中间桥梁,把大陆两端的海洋运输连接起来,形成一种海、陆、海的连贯运输。它不论经过几个国家,也不论变换几种运输工具,都由总承运人负责安排和承担运输责任,故它具有国际多式联运的优点。

世界上第一条大陆桥为美国大陆桥运输线,现已逐渐萎缩。大陆桥运输方式的最新发展是新建成的亚欧大陆桥。它东起我国江苏省的连云港,经陇海、兰新铁路,由新疆的乌鲁木齐延伸至中俄边境的阿拉山口与俄国的德鲁日巴站接轨,再经莫斯科、华沙、柏林直达荷兰鹿特丹,全长10 800千米,是连接亚、欧两洲最便捷的通道,比海上运输缩短了

9 000多千米。据估计,每1个20英尺标准集装箱货物可较海运节省运费600美元,并减少50%的运输时间。

此外,OCP运输方式,是一种运费优惠的方式。OCP是英文"overland common points"的简写,即"内陆公共点"。它是以美国落基山脉为界,界东的9个州为内陆地区,凡海运到美国西海岸港口的货物,再以陆路运往内陆地区,如提单上表明按OCP条款运输,可享受比直达西海岸港口较低的优惠,陆路的运费率也可降低5%左右。

第三节 运 输 单 据

运输单据是指证明货物已经发运或装上运输工具或已由承运人接受监管的单据。

由于运输方式不同,所以使用的运输单据不同,其中主要包括海运提单、铁路运单、航空运单、邮包收据和多式联运单据等。本节主要介绍海运提单。

一、海运提单的性质和作用

海运提单(bill of loading,B/L),简称提单,是由船公司或其代理人签发的,证明已收到特定货物,允诺将货物运至特定目的地,并交付给收货人的书面凭证。它的性质和作用是:

(1) 提单是承运人出具的货物收据(receipt for goods),证实其已按提单上所列的内容收到托运人的货物。

(2) 提单是物权凭证(document of title to the goods),作为一种商业单据,可经背书转让。提单的转让意味着货物所有权的转让。提单作为物权凭证可以买卖,它在进出口贸易中起极为重要的作用。

(3) 提单是运输合同的证明。由于运输契约是在装货前商定的,而提单一般是在装货后签发的,故提单本身不是运输契约,而只是运输契约的证明。

二、海运提单的种类

(一) 已装船提单与备运提单

已装船提单(on board or shipped B/L)是指承运人将货物装上船后签发的提单。这种提单必须注明装货船名、装货日期及船长或其代理人签字。

备运提单(received for shipment B/L)是指承运人已收到托管货物后等待装运期间所签发的提单。由于这种提单没有载明船名、装船日期,对发货人很不利,因而在跟单信用证支付方式下,银行一般都不接受这种提单。

(二) 记名提单、不记名提单和指示提单

记名提单(straight B/L)是指提单上的抬头人(即收货人)栏内填明特定的收货人名称,只能由该特定收货人提货,不能用背书的方式转让给第三者,因此记名提单不能流通。

不记名提单(open B/L)是指在提单的收货人栏内,不填写具体的收货人或指示人的名称。这种提单不需要背书手续,仅凭交付提单就可以转让。因此,采用这种提单风险大。

指示提单(order B/L)是指提单上的抬头人栏内仅填写"凭指示"(to order)或"凭某某人指示"(to order of)字样,这种提单前者经托运人后者经指示人背书后可以转让。其中"to order"抬头,称为空白抬头。

背书(endorsement)是转让海运提单或汇票的一种方法。背书有空白背书和记名背书。前者指仅由背书人在提单背面签字,而不注明被背书人名称;后者是背书人除在提单背面签字外,还列明被背书人名称。实际业务中,使用最多的是空白背书做法。

（三）清洁提单与不清洁提单

清洁提单(clean B/L)是指货物在装船时"表面状况良好",船公司在提单上未加任何有关货物受损或包装不良等批注的提单。"货物表面状况良好",一般是指货物的包装情况,如没有包装,则是指货物本身的外表状况。

不清洁提单(unclean B/L,foul B/L)是指轮船公司在提单上对货物表面状况或包装加有不良或存在缺陷等批注的提单。不清洁提单一般不能结汇。

（四）运费预付提单与运费到付提单

运费预付提单(freight prepaid B/L)。成交价格中CIF和CFR条件运费预付,上述条款成交的货物托运时,必须预付运费。在运费预付情况下出具的提单为预付提单。这种提单正面载明"运费预付"字样。付费后,如货物丢失,运费也不退还。

运费到付提单(freight collect B/L)。以FOB价格条款成交的货物,不论是买方订舱还是买方委托卖方订舱,运费均为到付,提单载明"运费到付",这种提单就是运费到付提单。

（五）正本提单与副本提单

正本提单(original B/L)是指提单上有"正本"(original)字样的提单,是提货的依据,议付的凭证。全套正本海运提单(full set ocean original B/L)可以是一式两份或是三份,根据合同或信用证要求来定,其中一份提货后,其余各份均告失效。

副本提单(non-negotiable B/L,copy B/L)是指提单上没有承运人、船长或其代理人签字盖章,仅供工作上参考使用的提单。

（六）直达提单、转船提单与联运提单

直达提单(direct B/L)是指轮船装货后,中途不经过转船而直接驶往目的港这种提单上不能出现"在某地转船"字样,但允许出现"将转运"或"可能转运"字样,如果信用证禁止转运,托运人必须凭此提单才能安全结汇。

转船提单(transhipment B/L)亦称转运提单,是指货物在装运港装船后,需在中途某港口换装另一船只运往目的港。有时换船不止一次,这种提单是由第一承运人在装运港签发的,一般注明"在某港转船"字样。

联运提单(through B/L)亦称全程提单,是指需经两种或两种以上的运输方式联运,由第一程海运承运人所签发的,包括运输全程的提单。

转运提单和联运提单的区别在于前者仅限于转船,后者可进行海陆、海空、海河、海海等联运。这两种提单的签发人一般只承担它负责运输的一段航程内的货运责任。

（七）其他提单

过期提单(stale B/L)是指超过信用证规定的期限才交到银行的提单或者晚于货物到达目的港的提单。通常情况下,迟于单据签发日期 21 天才提交的提单也算过期提单。银行一般不接受过期提单。在近洋国家间的贸易合同中,一般订有"过期提单可以接受"条款。

舱面提单(on deck B/L)又称甲板提单,是指货物装在船舶甲板上时所签发的提单。由于货物在甲板上风险较大,所以买方和银行一般不接受甲板提单。

倒签提单(anti-dated B/L)是指承运人应托运人要求,使提单签发日期早于实际装船日期的提单。这主要是为了使提单符合信用证对装运日期的规定,以顺利结汇。

预借提单(advanced B/L)是指在信用证规定的装运日期和议付日期已到,而货物却未及时装船情况下,托运人出具保函,让承运人签发已装船提单,这就属于预借提单。

上述倒签提单和预借提单的取得均须托运人提供担保函才能获得,它们的提单日期都不是实际的装船日期。这种行为侵犯了收货人的合法权益,应尽量减少或杜绝使用。英、美、法等国家对保函不承认,亚欧一些国家认为只要未损害第三者利益,便不属违法,但应严加控制。

三、不可转让海运单

不可转让海运单(non-negotiable sea waybill)是由船长或船公司或其代理人签发的证明已收到特定货物并保证货物运至目的港交付给指定收货人的一种凭证。

不可转让海运单与海运提单同样是船方出具的货物收据,也是海上货物运输契约的证明。但它不是货物所有权的凭证,收货人提货时无需出示海运单,承运人仅凭收货人提交的证明其为海运单上指定收货人的凭条交付货物。所以,不可转让海运单更多运用在近洋国家间的交易,它有利于进口商及时提货、简化手续、节省费用。另外,由于 EDI 在进出口贸易中的广泛运用,更适宜使用不可转让海运单。

第四节 合同中的装运条款

一、装运时间

在进出口贸易中,存在着装运(shipment)和交货(delivery)两种不同的用语,因此,也就有交货时间和装运时间两种不同的提法。装运是指将货物装上船或将货物交给承运人以运往指定目的地的行为;而交货则是指卖方将货物交付给买方并将货物的所有权转移给买方的行为。在我国进出口贸易实务中,这两个词经常混用,因为我国大多数出口合同都是以 CIF、CFR 和 FOB 贸易术语签订的,也把这类合同称为装运合同。按照《2000 通则》的解释,卖方只要将货物按期装上指定的船舶并完成交单就算完成交货任务,这种做法也称为象征性交货。在这种情况下,装运时间就等于交货时间。而若以 D 组贸易术语签订的合同,称为到达合同。卖方需负责在装运港将货物装上船,然后自担风险将货物于目的港或目的地交付给买方才算完成交货任务,这属于实际交货。所以,在行文中这两个词不能随便交换使用,以免引起误解。

（一）装运时间的规定方法

1. 明确规定具体的装运时间

（1）规定一段时间内装运。例如,2007 年 5 月份装运,2005 年 7/8/9 月份装运。

（2）规定最晚期限。例如,2007 年 5 月 31 日前装运。

此类规定方法,明确具体,是最普遍采用的一种方法。

2. 规定收到信用证（或买方电汇）后一定时间内装运

这种规定方法,对卖方较有利。一般适用于对一些进口管制较严的国家或地区,某些信用较差的客户或专为买方定做的特定化商品。采用这种规定方法,还需在合同中规定买方开到信用证或汇出货款的时间,防止因买方拖延、拒绝开证（汇款）使卖方处于被动的境地。

（二）规定装运时间应注意的问题

（1）货源问题。装运期规定远近,应和生产、库存情况相适应。如现货或加工需时较短,装运期可以规定近一些;加工费时较多,则远一些。对于粮油、矿砂等大宗交易的商品,在合同中应规定跨月装运。

（2）运输情况。在由卖方负责租船订舱的条件下,对装运期的规定必须考虑有关运输情况。例如,航线是直达的,还是需要转船;是交通便利的,还是偏僻的;有没有班轮挂港,港口条件如何、有没有特殊的要求。

（3）市场需求。注意市场的销售季节,装运时间如能赶在销售季节之前,将是卖方争取好价的有利因素之一。

（4）商品性质。某些商品由于本身性质的要求,例如,某些商品梅雨季出运要受潮、发霉、生锈,还有的商品遇热溶化等,实际规定装运期时应尽可能避开。

（5）避免使用下列表示时间的术语,如立即装运、即刻装运。这些术语解释不一,容易造成误解,应避免使用或要求对方澄清。

二、装运港和目的港

（一）装运港和目的港的规定方法

（1）在一般情况下,装运港和目的港分别各规定一个。如装运港:宁波;目的港:新加坡。

（2）同时规定两个或两个以上的装运港和目的港。有时当货源地分散或最终消费市场超出 1 个时,合同中就可能出现两个或两个以上的装运港和目的港。

（3）采用选择港。在交易磋商时,如明确规定一个或若干装卸港有困难时,可以选择两种方式：一种是在两三个港口中选择一个，如 CIF 宁波港／上海港／连云港；另一种是笼统规定某一航区为装运港，如中国地区。但目的港的规定一般不采用后一种规定方法。

（二）规定装、卸港的注意事项

（1）装、卸港不能太笼统。如一般不能接受外商 CIF EMP(European main port，欧洲主要口岸)的报价。

（2）在重名港口下注明所属的国家或地区，如维多利亚(Victoria)港、波特兰(Portland)港等。

（3）了解港口的具体条件。例如，船舶是否可安全停泊；是否属季节性港口；有无直达班轮；港口的吃水深浅；对船舶的国籍有无限制等。

（4）装运港应接近货源地，卸货港应接近最终消费市场。

三、分批装运和转运

（一）分批装运

分批装运(partial shipments)是指将同一合同项下的货物分若干批于不同航次装运。一般情况下，大宗商品交易中，由于运输工具的限制、市场销售的需要或者货源的准备工作有困难时，需要逐批生产，分批装运。

分批装运时应注意以下事项：

（1）若信用证未明确是否允许分批装运，根据《跟单信用证统一惯例(UCP600)》的规定，应视为允许。

（2）区分"in two shipments"与"in two lots"的不同含义。两者均译为"分两批"，其中"in two shipments"要求两批货物出运的时间有先后，相当于分期装运。而"in two lots"重点强调把提单做成两套，两批货物可以安排一起出运。

（3）如果同一船只，同一航次在不同的装运港多次装运货物，只要运输单据注明的目的地相同，即使提单上有不同的装运日期及装运港口，也不视为分批装运。

（4）一个分批交货的合同，各批的交货可以分别看作几个独立的小合同。

（5）一个分批(或分期)交货的合同，若其中一批未按规定期限装运，根据《跟单信用证统一惯例(UCP600)》的规定，信用证自该批开始及以后各批货物均告失效。

（二）转运

转运(transhipment)是指货物从装运港或发货地到目的港或目的地运输过程中，从一运输工具上卸下，再装上同一运输方式的另一运输工具，或在不同运输方式情况下，从一种方式的工具上卸下，再装上另一种方式的运输工具的行为。

转运的原因可能是无直达运输工具，或航班稀少的情况下采用；或合同规定集装箱装运，而出口口岸缺乏装卸设备，须集中到其他口岸装箱。

由于转运与否关系到当事人的利益，就有必要在进出口贸易合同及信用证中规定是否允许转运，有时还要规定在何地和以什么运输工具转运的条款。若信用证中对能否转运未作明确规定，按《跟单信用证统一惯例(UCP600)》的规定，理解为允许。

四、装运通知

装运通知(shipping advice)可在两种情况下进行:一是在 FOB 条件下,卖方应在规定的装运期前 30～45 天向买方发出货物备妥通知,以便买方派船接货。买方接到通知后,也应将确定的船名、抵港受载日期告知卖方,以便装货。当货物装船后,卖方应发一份已装船通知单,电告买方有关合同号,货物名称,装船数量、重量,装船日期,发票金额等,以便买方办理保险并做好进口报关、接货等准备工作;另一种情况是在 CFR 和 CIF 术语下,卖方应在货物装船后及时向买方发一份已装船通知单,以便买方做好接货的准备。在 CFR 术语下,发装运通知也是为了买方及时办理保险,以免迟保而发生不必要的损失。所以,这关系到买卖双方的法律责任问题。

五、滞期费与速遣费

（一）滞期费

滞期费是指在规定的装卸期限内,租船人未完成装卸作业,给船方造成经济损失,租船人对超过的时间向船方支付一定的罚金。

（二）速遣费

速遣费是指在规定的装卸期限内,租船人提前完成装卸作业,使船方节省了在港开支,船方向租船人支付一定的奖金。

按惯例,速遣费一般为滞期费的一半。

本章小结

> 本章主要讲述了国际货物运输的方式、主要的运输单据和进出口贸易合同中的装运条款三部分内容。其中海洋运输的特点、营运方式、运输费用的计算、海运业务相关的货运单据(主要涉及提单)和装运条款的制定是本章学习的重点内容。

练习题

[识记 填空]

1. 班轮运输的"四固定"是_____。

2. 班轮运费的计算标准,主要有以下几种,即_____、_____、_____、_____、_____、_____和_____。

3. 按《跟单信用证统一惯例(UCP600)》解释,若信用证条款中未规定是否允许分批装运和允许转运,则应视为_____。

4. 海运提单的签发日期是指_____。

5. 船公司一般按货物的_____重量计收运费。

[是非　判断]

1. 班轮运费包括装卸费,但不计滞期费、速遣费。(　　)

2. 提单中注明的装船日期早于保险单签发的日期。(　　)

3. 某出口商品每件净重 30 千克,毛重 34 千克,体积每件为 45 厘米×35 厘米×22 厘米,如班轮运价运费计算标准为 W/M10 级,船公司计算运费时按净重计收运费。(　　)

4. 多式联运经营人对运输的全程负责。(　　)

5. 重量吨和尺码吨统称为运费吨。(　　)

[选择　理解]

1. 20 英尺集装箱是国际上计算集装箱的标准单位,规格为 8 英尺×8 英尺×20 英尺,载货物量为(　　)公吨。

　A. 17.5　　　　　　　B. 23.5　　　　　　　C. 27.5　　　　　　　D. 37.5

2. 就收货人抬头而言,国际上普遍使用的是(　　)。

　A. Straight B/L　　　B. Order B/L　　　C. Bearer B/L　　　D. Open B/L

3. CIF 条件下交货,(　　)。

　A. 装运时间先于交货时间　　　　　　　B. 装运时间先于交货时间

　C. 装运时间与交货时间一致　　　　　　D. 其先后次序视运输方式而定

4. 海运提单的性质与作用表述错误的是(　　)。

　A. 它是海运单据的唯一表现形式

　B. 它是承运人或代理出具的货物收据

　C. 它是代表货物所有权的凭证

　D. 它是承运人或承运人的代理人与托运人之间订立的运输契约的证明

5. 经过背书才能转让的提单是(　　)。

　A. 指示提单　　　B. 不记名提单　　　C. 记名提单　　　D. 清洁提单

6. 在进出口业务中,能够作为物权凭证的运输单据有(　　)。

　A. 铁路运单　　　B. 海运提单　　　C. 航空运单　　　D. 邮包收据

[实训　提高]

1. 采用班轮运输出口商品 100 箱,每箱体积 30 厘米×60 厘米×50 厘米,毛重 40 千克,查运费表知该货为 9 级,计费标准为 W/M,基本运费为每运费吨 109 美元,另加收燃油附加费 20%,货币贬值附加费 10%。请计算该批货物的总运费。

2. 我国出口 2 000 公吨大米至新加坡,国外开来信用证规定:不允许分批装运。结果我们在规定的期限内分别在烟台、连云港各装 1 000 公吨于同一航次的同一船上,提单也注明了不同的装运地和不同的装船日期。请问这是否违约?银行能否议付?

3. 有一份合同,售中国晶晶米 10 000 公吨。合同规定:“自 2 月份开始,每月装船 1 000 公吨,分 10 批交货。”卖方从 2 月开始交货,但交至第 5 批大米时,大米品质有霉变,不适合人类食用。因而买方以此为理由,主张以后各批交货应撤销。请问:① 上述情况,买方有无这种权利,为什么?② 若此份合同交易的是成套的机械设备,再发生第 5 批品质不符,买方有无这种权利,为什么? ③ 若第 5 批属于延期交货,则买方拥有什么权利? 为什么?

4. 我出口一批货物,CIF 新加坡。我公司于 8 月 25 日将货物运至大连港码头,8 月 29 日开始装船,8 月 30 日装完货物,8 月 31 日起航,9 月 17 日抵达新加坡,9 月 20 日客户提取货物。请问: ① 出口公司 8 月 25 日将货交承运人时,承运人此时签发何种提单? ② 签发已装船提单日期应是哪一天? ③ 签发提单的地点是何处?

5. 我某公司按 CIF 价格条件出口货物一批,合同规定"9 月份装运,信用证的有效期为 10 月 15 日"。卖方 9 月 15 日发货,取得清洁已装船提单,备齐全套单据向银行议付货款。但买方收到货物后,发现货物受损严重,且短少 50 箱。买方因此拒绝收货,并要求卖方退回货款。请问: ① 买方有无拒收货物并要求退款的权利? 为什么? ② 此案中的买方应如何处理此事才合理?

4

第四章　　　　　　　　货物运输保险

学习目的

1. 了解海上货物运输保险的承保范围、海上货物运输保险的险别
2. 掌握保险单的缮制、保险金额和保险费的计算方法

第一节　海上货物运输保险

　　国际货物在运输过程中,可能会遇到自然灾害、意外事故等各种风险而遭受损失,为了保障货物在受损后能获得经济上的补偿,就需要办理货物运输保险。由于国际货物运输方式的不同,国际货物运输保险分为海运货物保险、陆运货物保险、空运货物保险和邮包运输保险等。其中业务量最大、涉及面最广的是海上货物运输保险。本书主要讲述海上货物运输保险的基础知识。

一、海上货物运输保险的承保范围

　　货物在海上运输过程中可能遇到各种风险,造成货物的各种损失。保险人(即保险公司)是按照不同险别所规定的风险、损失和费用来承担赔偿责任的。

　　(一) 风险

　　海上货物运输中可保险的风险可分为海上风险和外来风险两种。

　　1. 海上风险

　　海上风险(perils of sea)又称海难,一般包括自然灾害和意外事故两种。

　　(1) 自然灾害(natural calamities)是指恶劣气候、雷电、洪水、流冰、地震、海啸、火山爆发以及其他人力不可抗拒的灾害。

　　(2) 意外事故(accidents)是指由于意料不到的,或者不可抗拒原因造成的事故。如船舶搁浅、触礁、碰撞、沉没、流冰、火灾、爆炸、船舶失踪等。

2. 外来风险

外来风险(extraneous risks)是指海上风险以外由于其他各种外来原因引起的损失。外来风险可以分为一般外来风险和特殊外来风险。

(1) 一般外来风险是指运输途中由于偷窃、雨淋、受潮、受热、发霉、串味、玷污、渗漏、短量、钩损、锈损等原因所导致的风险。

(2) 特殊外来风险是指由于战争、罢工、拒绝交付货物、进口国拒绝进口等军事、政治、国家政策法令和管制措施等原因所致的风险损失。

(二)海上损失

海上损失简称海损,是指被保险货物在海运过程中,由于海上风险所造成的损坏或灭失。根据各国海运保险业务的习惯,海损也包括与海运连接的陆运过程中所发生的损失。海损按照损失和程度不同,可分为全部损失和部分损失;按照损失的性质,可分为共同海损和单独海损。

1. 全部损失

全部损失(total loss)简称全损,是指运输中的整批货物或不可分割的一批货物全部损失。全部损失可分为实际全损和推定全损两种。

(1) 实际全损(actual total loss)是指保险货物完全灭失,或者完全丧失商业价值,失去原有用途,或者因丧失无法挽回,如船舶触礁后船货同时沉入海底、船舶失踪或船舶被海盗劫持。

(2) 推定全损(constructive total loss)是指货物在海运中遭受承保风险后,虽然尚未达到完全灭失状态,但完全灭失是不可避免的。或者为避免发生实际全损所需支付的费用与继续将货物运抵目的地的费用之和超过保险价值。

2. 部分损失

部分损失(partial loss)是指货物的损失没有达到全部损失的程度。部分损失因其性质不同,可分为共同海损和单独海损。

(1) 共同海损(general average)是指在海洋运输途中,载货的船舶在海上遇到灾害、事故,威胁到船、货等各方的共同安全,为了解除这种共同危险,有意采取合理的救难措施,直接造成特殊损失和支付特殊费用,这些损失和费用称为共同海损。例如,船在海上航行遇到暴风雨,船身发生倾斜有翻船危险,为了解除这一危险,船长下令将部分货物抛入海中,以保持船身平衡,这部分被抛弃的货物,就属于共同海损。

共同海损的构成,必须具备以下几个条件:① 船方在采取紧急措施时,必须确有危及船、货共同安全的危险存在;② 船方采取的措施必须是为了解除船货共同危险、有意的和合理的;③ 所作出的牺牲是特殊的,支出是额外的;④ 所作出的牺牲和支出的费用必须是有效果的。

在船舶发生共同海损后,凡属共同海损范围内的损失和费用,均可通过共同海损推算,由有关获救受益方(即船方、货方和承运方)根据获救价值按比例分摊。这种分摊,称为共同海损分摊。

(2) 单独海损(particular average)是指仅涉及船舶或货物所有人单方面的利益,其损失仅由受损方单独负担。

单独海损与共同海损的主要区别是:① 造成海损的原因不同。单独海损是承保风险所直接导致的船、货损失;共同海损则不是承保风险所直接导致的损失,而是为了解除或减轻共同危险人为地造成的一种损失。② 承担损失的责任不同。单独海损的损失一般由受损方自行承担;而共同海损的损失,则应由受益的各方按照受益大小的比例共同分摊。

（三）费用

保险货物遭遇保险责任范围内的事故,除了使货物本身受到损毁导致损失外,还会产生费用方面的损失。这些费用保险人也给予赔偿。主要有施救费用和救助费用。

1. 施救费用

施救费用(sue and labour charges)是指被保险货物遭遇保险责任范围内的灾害事故时由被保险人或者他的代理人、雇佣人员和受让人等抢救保险标的,为防止损失的扩大而采取措施所支出的费用。

2. 救助费用

救助费用(salvage charges)是指被保险货物在遭受了承保责任范围内的灾害或事故时,由保险人和被保险人以外的第三者采取了有效的救助措施,由被救方付给救助人的一种报酬。

二、海上货物运输保险的险别

保险单中所列的各种保险条款,明确规定保险公司对承保货物遭受损失时的责任范围,这种规定一般称为保险险别。

在国际保险市场上,各国保险组织都分别有自己的保险条款。其中具有较大影响的是英国伦敦保险协会所制定的《协会货物条款》(Institute Cargo Clause, ICC)。中国人民保险公司根据我国保险业务的实践,参照国际保险业的习惯做法,制定了中国人民保险公司条款,简称中国保险条款(China Insurance Clause, CIC)。

（一）中国人民保险公司规定的海运货物保险条款

中国保险条款中的货物运输险别,按照能否单独投保,可分为基本险和附加险两类。基本险是指可以单独投保的险别,附加险是指不能单独投保的险别。

1. 基本险

(1) 平安险(free from particular average, FPA),原意是不负责单独海损,即保险人只对于因海损事故和自然灾害造成的货物全部损失承担赔偿责任,而不负责单独海损。但是在今天的海上保险实务中,平安险不负单独海损责任的原则已经有所改变。保险人对于特定意外事故(如搁浅、触礁、沉没、焚毁等)所引起的单独海损亦予以承保。

保险公司对平安险的承保责任范围是:① 被保险货物在运输途中由于恶劣气候、雷电、海啸、地震、洪水等自然灾害造成整批货物的全部损失或推定全损。以驳船运往或远离海轮时,每一驳船之货视为一整批。② 由于运输工具遭受搁浅、触礁、沉没、互撞,与流冰或其他物体碰撞以及失火、爆炸等意外事故造成货物的全部或部分损失。③ 在运输工具已经发生搁浅、触礁、沉没、焚毁等意外事故的情况下,货物在此前后又在海上遭受恶劣气候、雷电、海啸等自然灾害所造成的部分损失。④ 在装卸或转运时由于一件或数件整件货物落海造成的全部或部分损失。⑤ 被保险人对遭受承保责任内危险的货物采取抢救、防止或减少货损的措施而支付的合理费用,但以不超过该批货物的保险金额为限。⑥ 运输工具遭遇海难后,在避难港由于卸货所引起的损失以及在中途港、避难港由于卸货、存仓以及运送货物所产生的特别费用。⑦ 共同海损的牺牲、分摊和救助费用。⑧ 运输合同订有"船舶互撞责任"条款,根据该条条款规定,应由货方偿还船方的费用。

由于平安险是海上货物运输保险中责任最小的一种险别,其保险费率也最低,一般适用低值、粗糙、无包装的大宗货物,如木材、矿砂、废钢材等的海上运输。

(2) 水渍险(with particular average,WA 或 WPA),原意是负责单独海损。其保险责任是:① 承保上述平安险的各项损失和费用。② 负责被保险货物由于恶劣气候、雷电、海啸、地震、洪水等自然灾害所造成的部分损失。

水渍险一般适用于不易损坏或不因生锈而影响使用的货物,如五金材料,旧的汽车、机械、机床、散装金属原料等。

(3) 一切险(all risk,AR),是海上货物运输保险中承保范围最大的一种基本险别,其保险费率也最大。其保险责任是:① 承保上述平安险和水渍险的各项损失和费用。② 负责被保险货物在运输途中由于外来原因所致的全部或部分损失。

但应注意的是,一切险并非对一切风险造成的损失都负责。

上述三种基本险别,被保险人可以从中选择一种投保。

我国的《海洋运输货物保险条款》除规定了上述各种基本险别的责任外,还对保险责任的起讫也作了具体规定。保险责任的起讫主要采用"仓至仓条款"(warehouse to warehouse clause, W/W Clause),即保险责任自被保险货物运离保险单所载明的起运地发货人仓库或储存处所时开始生效,包括正常运输过程中的海上、陆上、内河和驳船运输在内,直至该项货物到达保险单所载明的目的地收货人的仓库为止。被保险的货物在最后到达卸载港卸离海轮时起算满 60 天,不论保险货物是否抵达上述仓库或储存处所,保险责任均告终止。

2. 附加险

附加险是基本险责任的扩大和补充,有一般附加险和特殊附加险两类。附加险只能在投保某一种基本险的基础上才可加保,但因一切险的责任范围已包括了一般附加险,故如投保人在投保时选择了一切险,则无需再加保一般附加险,只能加保特殊附加险。

(1) 一般附加险。一般附加险负责赔偿由于一般外来原因引起的风险所造成的各种损失。中国人民保险公司承保的一般附加险有 11 种:偷窃提货不着险(简称 TPND)、淡水雨淋险、短量险、玷污险、渗漏险、碰损险、破碎险、串味险、受潮受热险、钩损险、锈损险等。

(2) 特殊附加险。特殊附加险承保由于特殊外来原因如政治、军事、国家政策法令等风险所造成的损失。常见的特殊附加险主要有:交货不到险、进口关税险、舱面险、拒收险、黄曲霉素险、出口货物到香港(包括九龙)或澳门存仓火险责任扩展条款(简称FREC)、罢工险和战争险等。

保险公司对战争险的承保责任范围主要有:由于战争、敌对行为、武装冲突或海盗行为,以及由此引起的捕获、拘留等所造成的损失和各种常规武器如水雷、鱼雷、炸弹造成的损失。但对由于敌对行为使用原子弹或热核武器所造成的损失和费用不负赔偿责任。已投保了战争险后另加保罢工险,保险公司不另增收保险费。

(二)英国伦敦保险协会规定的货物保险条款

英国伦敦保险协会制定的《协会货物条款》有六种保险险别:

(1) Institute Cargo Clauses(A),协会货物条款(A),简称 ICC(A)。

(2) Institute Cargo Clauses(B),协会货物条款(B),简称 ICC(B)。

(3) Institute Cargo Clauses(C),协会货物条款(C),简称 ICC(C)。

(4) Institute War Clauses-Cargo,协会战争条款(货物)。

(5) Institute Strike Clauses-Cargo,协会罢工条款(货物)。

(6) Malicious Damage Clauses, 恶意损害险。

在上述六种险别中,除恶意损害险不能单独投保外,其余五种险别都可以单独投保。保险公司的承保范围是:ICC(A)相当于我国海运货物保险的一切险,ICC(B)相当于我国海运货物保险的水渍险,ICC(C)相当于我国海运货物保险的平安险。以上三种险别,保险公司的承保责任起讫适用于"仓至仓条款"。当我国按 CIF 条件出口时,一般都以中国人民保险公司制定的保险条款为依据,但如果国外客户要求按英国伦敦保险协会货物保险条款为准,我们也可酌情接受。

第二节 保 险 实 务

一、保险单

(一)保险单的作用

保险单是保险公司在接受投保后签发的承保凭证,是保险公司与被保险人之间订立的保险合同,在被保险货物遭受保险合同责任范围内的损失时,它是被保险人索赔和保险公司理赔的主要依据。在 CIF 或 CIP 合同中,保险单是卖方必须向买方提供的主要单据之一,它可以通过背书行为转让。

(二)保险单的种类

在进出口贸易中,最常采用的有保险单(俗称大保单)和保险凭证(俗称小保单),保险单印有保险条款,而保险凭证不印刷保险条款,只印刷承保责任界限,以保险公司的保险条款为准,但两种保单具有同等的法律效力。在保险单出单后,如需补充或变更,保险公司可应投保人的请求修改保险内容,该修改凭证称为"批单"。保险批单一经批改,保险公司就要按批改后的内容负责。

（三）保险单的缮制

（1）发票号码(Invoice No.)。填写投保货物商业发票的号码。

（2）保险单号次(Policy No.)。填写保险单号码。

（3）被保险人(Insured)。如来证无特别规定,保险单的被保险人应是信用证上的受益人,由于出口货物绝大部分均由出口公司向保险公司投保,按照习惯,被保险人一栏中填写出口公司的名称。

（4）保险货物项目(Description of Goods)。与提单相同,填写货物的总称。

（5）包装及数量(Packing Unit Quantity)。与提单相同,填写最大包装的总件数。

（6）保险金额(Amount Insured)。一般按照发票金额加一成(即110%发票金额)填写。最终以双方商定的比例计算而成,但中国人民保险公司不接受保额超过发票总值30%,以防止个别买主故意灭损货物串通当地检验部门取得检验证明,向保险公司索赔。按惯例,保险金额货币单位应与信用证一致,如发票已扣除佣金或折扣,应按扣佣或折扣前的毛值投保。

（7）承保险别(Conditions)。出口公司只需在副本上填写这一栏目的内容。应严格按信用证规定的险别投保,并且为了避免混乱和误解,最好按信用证规定的顺序填写。如信用证没规定具体险别,则可投保一切险、水渍险和平安险三种基本险中的任何一种。当全套保险单填好交给保险公司审核、确认时,才由保险公司把承保险别的详细内容加注在正本保险单上。

（8）标记(Marks & Nos)。与提单相同,也可以填写"AS PER INVOICE NO. ×××"。但如果信用证规定所有单据均要显示装运唛头,则应按实际唛头缮制。

（9）总保险金额(Total Amount Insured)。将保险金额以大写的形式填入。计价货币也应以全称形式填入。注意保险金额使用的货币应与信用证使用的货币一致,总保险金额大写应与保险金额的阿拉伯数字一致。

（10）保费(Premium)。一般由保险公司在印刷保险单时填入"as arranged"字样,出口公司在填写投保单时无需填写。

（11）装载工具(Per conveyance S.S)。填写装载船的船名。当运输由两程运输完成时,应分别填写一程船名和二程船名。

（12）开航日期(SLG. on or about)。一般填写提单签发日期,也可填写提单签发日前后各5天之内的任何一天的日期,或填写"AS PER B/L"。

（13）起运港(Port of loading 或 From)。填写起点即装运港名称。

（14）目的港(Port of destination 或 To)。填写讫点即目的港名称。当一批货物经转船到达目的港时,这一栏填写:目的港 W/T(VIA)转运港。

（15）保险单份数(Number of insurance policy)。当信用证没有特别说明保险单份数时,出口公司一般提交一套完整的保险单(一份 original,一份 duplicate)。

中国人民保险公司出具的保险单一套五份。由一份正本(original)、一份复联(duplicate)和三份副本(copy)构成。

当来证要求提供的保险单"in duplicate/in two folds/in 2 copies"时,出口公司提交给

议付行的是正本保险单和复联(复本)保险单构成全套保险单。其中的正本保险单可经背书转让。根据《跟单信用证统一惯例(UCP600)》的规定,表明正本的"original"字样,本单据为正本。

(16)赔付地点(Claim payable at)。一般地,将目的地作为赔付地点,将目的地名称填写入该栏。如买方指定理赔代理人,理赔代理人必须在货物到达目的港的所在国内,便于到货后检验。赔款货币一般为投保金额相同的货币。

(17)日期(Date)。日期指保险单的签发日期。由于保险公司提供"仓至仓"(warehouse to warehouse)服务,所以要求保险手续在货物离开出口方仓库前办理。保险单的日期也应该是货物离开出口方仓库前的日期。

(18)投保地点(Address)。填写投保地点的名称,一般为装运港(地)的名称。

(19)背书(Endorsement)。当合同或信用证没有明确使用哪一种背书时,一般使用空白背书方式。空白背书(blank endorsed)就是只注明被保险人(包括出口公司的名称和经办人的名字)的名称。

二、保险金额及保险费的计算方法

保险金额(amount insured)是指当保险标的发生承保范围内的损失时保险人所应承担的最高赔偿金,一般按 CIF 的总值加 10% 的保险加成率。保险加成率是买方进行这笔交易所付的费用和预期利润加保。如果合同或信用证没有说明,按惯例,卖方加 10% 的保险加成率投保。保险金额计算的公式是:

$$保险金额 = CIF 总值 \times (1 + 保险加成率)$$

保险费率(premium rate)是由保险公司根据一定时期、不同种类的货物的赔付率,按不同险别和目的地确定的。

保险费(premium)是指被保险人应交纳的费用,是根据保险费率表按保险金额计算,其计算公式是:

$$保险费 = 保险金额 \times 保险费率$$

【例 4-1】我某进出口公司以每件 20 美元向美国 ABC 公司出口女连衣裙 2 500 打。货物出口前,由我方向中国人民保险公司投保水渍险、包装破裂险及淡水雨淋险。水渍险、包装破裂险及淡水雨淋险的保险费率分别为 0.6%、0.1% 和 0.3%,按发票金额 110% 投保。试计算该批货物的投保金额和保险费。

解:投保金额 = CIF 总值 × 110% = 20 × 2 500 × 12 × 110% = 660 000(美元)

保险费 = 投保金额 × 保险费率 = 660 000 × (0.6% + 0.1% + 0.3%) = 6 600(美元)

三、合同中货物运输保险条款的拟订

1. 按 FOB、FCA、CFR 或 CPT 条件成交的保险条款

按 FOB、FCA、CFR 或 CPT 条件成交,合同中的保险条款只需规定:"Insurance: To be covered by the buyer."

>>>>>>

"保险由买方办理"。

2. 按 CIF 或 CIP 条件成交的保险条款

按 CIF 或 CIP 条件成交的保险条款,则需具体规定保险金额、投保险别和保险适用的条款等内容。如:

"Insurance：To be covered by the sellers for the full invoice value plus 10% against all risks and war risks as per and subject to the relevant ocean marine cargo clauses for the People's Insurance Company of China, dated Jan. 1, 1981."

"保险：由卖方按发票金额加成 10% 投保一切险及战争险,以中国人民保险公司 1981 年 1 月 1 日的有关海洋运输货物保险条款为准。"

本章小结

> 本章主要讲述了海上货物运输保险的承保范围包括风险、损失和费用;海上货物运输保险的险别,讲述了中国人民保险公司规定的海运货物保险条款和英国伦敦保险协会规定的货物保险条款;保险单的作用、种类和缮制;保险金额及保险费的计算方法;合同中货物运输保险条款的拟订。其中保险单的缮制、保险金额及保险费的计算是要求掌握的技能。

练习题

[识记　填空]

1. 货物在海上运输过程中可能遇到各种风险,造成货物的各种损失。保险人(即保险公司)是按照不同险别所规定的_____、_____和_____来承担赔偿责任的。

2. 国际贸易运输货物保险的保险金额,一般是以_____发票金额为基础确定的。

3. _____是指恶劣气候、雷电、洪水、流冰、地震、海啸、火山爆发以及其他人力不可抗拒的灾害。

4. _____是指由于意料不到的,或者不可抗拒原因造成的事故,如船舶搁浅、触礁、碰撞、沉没、流冰、火灾、爆炸、船舶失踪等。

5. _____是指被保险货物遭遇保险责任范围内的灾害事故时由被保险人或者他的代理人、雇佣人员和受让人等抢救保险标的,为防止损失的扩大而采取措施所支出的费用。

6. _____是指被保险货物在遭受了承保责任范围内的灾害或事故时,由保险人和被保险人以外的第三者采取了有效的救助措施,由被救方付给救助人的一种报酬。

[是非　判断]

1. 造成共同海损损失的共同海损措施最终必须有效。(　　)

2. 单独海损不仅指保险标的本身的损失,而且包括由此而引起的费用损失。(　　)

3. 在运输工具发生沉没等意外事故后,货物又遭受自然灾害所造成的部分损失,不属于平安险的责任范围。(　　)

4. 外来风险包括类似货物的自然损耗和本质缺陷等属必然发生的损失。(　　)

5. 对施救费用和货损的赔付最多不得超过保险标的的保险金额。(　　)

6. 保险人承保一定保险责任的价格,是以一定的保险费率的形式表示的。(　　)

7. 共同海损应由各受益方进行分摊。(　　)

[选择　理解]

1. 下列情况哪些属于实际全损(　　)。

A. 水泥被海水浸泡成硬块　　　　　　　　B. 船舶被海盗劫走

C. 船舶失踪6个月　　　　　　　　　　　D. 货物遭遇大火全部焚毁

2. 以下哪些风险属于特殊外来风险(　　)。

A. 战争　　　　　B. 罢工　　　　　C. 交货不到　　　　　D. 拒收

3. 以下各种风险中,属于一般外来风险的有(　　)。

A. 偷窃　　　　　B. 海盗　　　　　C. 提货不着

D. 交货不到　　　　E. 混杂

4. 构成共同海损的条件包括(　　)。

A. 导致共同海损的危险必须是真实存在的、危及船货共同安全的危险

B. 共同海损措施必须是为了解除船货的共同危险,人为地有意识地采取的合理措施

C. 共同海损牺牲是特殊性质的,费用损失必须是额外支付的

D. 共同海损的损失必须是共同海损措施直接的合理的后果

E. 造成共同海损损失的共同海损措施最终必须有效果

5. 我国海运货物保险所承保的费用损失包括(　　)。

A. 施救费用　　　B. 特别费用　　　C. 续运费用　　　D. 救助费用

E. 共同海损费用的分摊

6. 按保险单形式可划分为(　　)。

A. 保险单　　　B. 保险证明　　　C. 保险凭证　　　D. 暂保单

7. 海运货物一切险承保的保险责任有(　　)。

A. 货物内在缺陷或自然损耗所致损失　　　B. 运输延迟所致损失

C. 一般外来风险所致损失　　　　　　　D. 自然灾害、意外事故所致损失

E. 特殊外来风险所致损失

[实训　提高]

1. 填制保险单。

GUANGDONG FOREIGN TRADE IMP. AND EXP. CORP. 向英国 BAC 贸易公司出口 LADIES LYCRA LONG PANT 共 2 400 件,每件 20 美元 CIF 伦敦,纸箱包装,每箱 12 件。合同规定投保英国伦敦保险协会 ICC(A)和战争险,运输标志(唛头)为:

ABC/LONDON/NOS. 1—200

该货物于 2002 年 3 月 20 日在广州装"东方"号轮船运往伦敦。请根据上列条件用英文填制一份保险单。(空白保险单详见附录)

2. 保险金额和保险费计算。

上海新新进出口公司以每套 100 美元 CIF 纽约向美国长盛公司出口西服 2 000 套。货物出口前,由上海新新进出口公司向中国人民保险公司投保一切险和战争险。一切险和战争险的保险费率分别为 1% 和 0.3%,按发票金额 110% 投保。试计算该批货物的投保金额和保险费。

3. 案例分析。

船只在近海行驶时突然发现船底板破裂,大量海水涌进船舱,虽经尽力抽水抢救,但舱内水位仍不断增高。为了使船舶不致沉没,船舶紧急驶向附近浅滩,自动搁浅。事后船方主张该措施系共同海损措施,不仅为起浮搁浅船舶而造成的船货损失以及因而支付的费用可列为共同海损,而且由于搁浅本身造成的损失同样也应列为共同海损。请问是否合理?

5

第五章　　　　　　　　　国际货款的收付

学习目的

1. 理解有关国际货款收付方面的支付工具和支付方式的知识点
2. 重点掌握信用证的含义、特点及种类
3. 掌握合理选择支付方式的相关问题

第一节　支　付　工　具

进出口贸易中,货款的结算大多采用非现金结算,即采用作为流通手段和支付手段的信用工具来结算国际间货款的债权债务。目前,金融票据是国际上通行的结算和信贷工具,同时也是可以流通转让的债券凭证。进出口贸易中使用的金融票据主要有:汇票(bill of exchange,draft)、本票(promissory note)和支票(cheque,check),其中汇票使用的最多。

一、汇票

（一）汇票的含义和基本内容

1. 汇票的含义

汇票是一个人向另一个人签发的,要求见票时或在将来的固定时间或可以确定的时间,对某人或其指定的人或持票人支付一定金额的无条件的书面支付命令。

2. 汇票的必要记载项目

（1）载明"汇票"字样。

（2）无条件支付命令。

（3）确定的金额。

>>>>>>

(4) 付款期限。

(5) 付款地点。

(6) 受票人名称。

(7) 受款人(收款人)名称。

(8) 出票日期。

(9) 出票地点。

(10) 出票人签字。

汇票样本格式如图5-1所示。

```
                          Bill of Exchange
No. _____(汇票号码)
Drawn under(出票依据)_____L/C No. _____Dated _____
Payable with interest @_____% _____(付款利息)
Exchange for USD1 397.00(汇票金额) Beijing, China 06/10/1998(出票时间地点)
At(见票)_____Sight of this FIRST of Exchange (Second of Exchange being unpaid )(付一不付二)
Pay to the order of _____ (收款人)
the sum of(金额)US DOLLARS ONE THOUSAND THREE HUNDRED AND NINTY SEVEN ONLY
To(致付款人)_____

                                  _____(出票人)
                                       (Signature)(签字)
```

图5-1 汇票样本

(二) 汇票的当事人

汇票有三个基本当事人：出票人(drawer)、受票人(drawee)或付款人(payer)、受款人或收款人(payee)。

1. 出票人

出票人是指签发汇票的人。在进出口业务中通常是出口商或其指定的银行。

2. 受票人或付款人

受票人或付款人是指汇票上载名的债务人。在进出口业务中通常是指进口商或其指定的银行。

3. 受款人或收款人

受款人或收款人是指汇票规定可受领汇票金额的人。在进出口业务中通常是指出口商本人或其指定的银行。

汇票的收款人通常被称为汇票的"抬头",在实际业务中通常有三种做法：

(1) 限制性抬头。这种汇票在收款人一栏中标明"仅付给××公司"或"付给××公司,不准转让",这种抬头的汇票不能流通转让,在现实中也用的很少。

(2) 指示性抬头。这种汇票在收款人一栏中标明"付给××公司或其指定人",这种抬头的汇票可以经过收款人背书后转让出去,将汇票的权利转让给第三者。

(3) 持票人抬头或来人抬头。这种汇票在收款人一栏中标明"付给来人"或"付给持票人”,这种抬头的汇票无需由持票人背书,仅凭交付就可转让。

（三）汇票的种类

汇票从不同的角度,主要分为下列几种:

1. 按照出票人的不同划分

(1) 银行汇票(banker's draft),是指出票人是银行的汇票。

(2) 商业汇票(commercial draft),是指出票人是工商企业或个人,付款人可以是工商企业或个人,也可以是银行。

2. 按照有无附随商业单据划分

(1) 光票(clean bill),是指不附带有货运单据的汇票。银行汇票多为光票。

(2) 跟单汇票(documentary bill),是指附随有货运单据的汇票。商业汇票多为跟单汇票。

3. 按照付款的时间不同划分

(1) 即期汇票(sight draft),是指在提示或见票时立即付款的汇票。

(2) 远期汇票(time bill,usance bill),是指在一定期限或特定日期付款的汇票。

实际业务中,远期汇票的付款日期的记载方法主要有:① 见票后若干天付款(at ××days after sight);② 出票后若干天付款(at ××days after date);③ 提单签发后若干天付款(at ××days after date of bill of lading);④ 指定日期付款(fixed date)。

一张汇票往往可以同时具备几种性质,例如,一张汇票同时既可以是即期汇票又可以是跟单汇票。

（四）汇票的使用

汇票在使用中涉及出票、提示、承兑、付款等票据行为,如需转让还要经过背书。汇票遭到拒付时,还要涉及做成拒绝证书和行使追索等法律权利。

1. 出票

出票(issue)是指出票人在汇票上填写付款人、付款金额、付款日期和地点以及受款人等项目,经签字将其交付给受票人的票据行为。汇票一经开立,出票人就成为主债务人,承担汇票被承兑或被付款的责任。商业汇票通常签发一式两份,分别寄发,以防遗失,但只对其中一份承兑或付款。因此汇票上一般写明“付一不付二”或“付二不付一”。

2. 提示

提示(presentation)是指持票人将汇票提交付款人要求承兑或付款的行为。付款人见到汇票叫做见票(sight)。提示根据汇票的不同分为提示付款和提示承兑。对于即期汇票来说叫做提示付款,对于远期汇票来说叫做提示承兑。

3. 承兑

承兑(acceptance)是指付款人对远期汇票表示承担到期付款责任的行为。承兑的手续是由付款人在汇票的正面写上“承兑”字样,注明承兑日期,并由付款人签名,交还持票人。付款人对汇票作出承兑之后成为承兑人,成为汇票的主债务人。

4. 付款

付款(payment)是指付款人向持票人支付票面金额的行为。对于即期汇票,付款人在见票时立即付款;对于远期汇票,付款人承兑后在汇票到期日付款。付款后汇票的一切债权债务关系即终止。

5. 背书

背书(endorsement)是指汇票持有人在汇票背面记载有关事项并签章,然后将汇票交给受让人的票据行为。背书是转让汇票权利的一种法定手续,经背书后汇票的收款权利转让给受让人。汇票可以经过背书不断转让下去。对于受让人来说,所有在他以前的背书人(endorser)都是他的"前手";而对于出让人来说,所有在他让于以后的受让人都是他的"后手"。前手对后手负有担保汇票被承兑或被付款的责任。

背书的方式通常有:① 空白背书,是指背书人只在票据背面签上自己的名字,而不指定被背书人(endorsee),这种汇票仅凭交付就可以转让。② 记名背书,是指背书人在汇票背面签上自己的名字之外,还指定了被背书人或其指定人。这种汇票只有背书才可以转让。

在国际市场上,一张远期汇票的持有人如果想在付款人付款前取得票款,可以经过背书转让汇票,即将汇票进行贴现。贴现(discount),是指远期汇票承兑后,尚未到期,由银行或贴现公司从票面金额中扣减一定贴现息后,将余款付给持票人的行为。

6. 拒付

拒付(dishonour)又称"退票",是指持票人在提示汇票时遭到拒绝付款或拒绝承兑的票据行为。除了拒绝承兑和拒绝付款外,付款人拒不见票、死亡或宣告破产,以致付款事实上已不可能时,也称拒付。

7. 追索

追索(recourse)是指汇票遭到拒付后,持票人向其所有的前手和出票人,请求偿还汇票金额以及所支出的费用的行为。一旦汇票被拒付,持票人享有追索权(right of recourse),按"后手优于前手"的原则进行追索。

二、本票

(一)本票的含义和基本内容

1. 本票的含义

本票是由出票人签发的,承诺自己在见票时无条件支付确定的金额给收款人或持票人的一种票据。

2. **本票的基本内容**

(1)表明"本票"字样。

(2)无条件的支付承诺。

(3)确定的金额。

(4)收款人的名称。

(5)出票日期。

(6)出票人签字。

本票上未记载以上任何一项的,本票无效。

(二)本票的种类

按照出票人的不同,本票分为商业本票和银行本票两种。

1. 商业本票

商业本票是指由工商企业或个人签发的,有即期和远期之分。

2. 银行本票

银行本票是指由银行签发的,只有即期的,国际贸易结算中通常使用银行本票。

(三) 本票与汇票的区别

作为支付工具,本票和汇票都属于票据的范畴,但两者又有所不同,主要区别有以下三个方面。

1. 当事人不同

本票有两个当事人,即出票人和收款人;而汇票则有三个当事人,即出票人、付款人和收款人。

2. 出票人的责任不同

本票的出票人在任何时候都是绝对的主债务人;汇票的出票人在承兑前是主债务人,在承兑后,承兑人是主债务人,出票人则处于从债务人的地位。

3. 承兑手续不同

本票的出票人即是付款人,即使是远期本票也无需承兑;而远期汇票先要办理承兑手续。

三、支票

1. 支票的含义

支票是出票人签发的,委托办理支票存款业务的银行或者其他金融机构在见票时立即无条件支付确定金额给收款人或持票人的票据。

支票的出票人必定是在银行设有存款的客户,出票人在签发支票时,应在付款行存有不低于票面金额的存款,如果开出的支票票面金额低于实际存款,称为空头支票,开出空头支票的出票人要承担法律责任。

2. 支票的种类

支票一般可分为现金支票和转账支票两种。在我国现金支票只能用于支取现金,转账支票只能用于银行或其他金融机构转账结算。在国际上,支票的支付方式通过支取现金或转账,由持票人或收款人自主选择。但支票一经划线只能通过银行转账,而不能支取现金。因此,支票又有划线支票和非划线支票之分。

汇票、本票和支票的异同如表 5-2 所示。

表 5-2　汇票、本票和支票的异同

	汇　票	本　票	支　票
作　用	支付、信用两种作用	支付、信用两种作用	仅有支付作用
性　质	出票人对付款人的无条件支付命令,两者不必有资金关系	出票人对持票人的一种无条件支付承诺	出票人和付款人之间先有资金关系,支票只是出票人的一种取款证券

（续 表）

	汇 票	本 票	支 票
当事人	出票人、收款人、付款人	出票人、收款人	出票人、收款人、付款人
主债务人	承兑前是出票人，承兑后是承兑人	出票人	银 行
付款人	承兑人、保证人、参加付款人	出票人	银 行
出票人的责任	担保汇票被承兑和付款	自负付款责任	担保支票被付款

第二节 支 付 方 式

进出口贸易中支付货款的方式主要有汇付（remmittance）、托收（collection）和信用证（letter of credit）三种。支付方式按照资金的流向与支付工具的传递方向，分为顺汇和逆汇两种方法。顺汇是指资金的流动方向与支付工具的传递方向相同；逆汇是指资金的流动方向与支付工具的传递方向相反。汇付属于顺汇，托收和信用证支付方式属于逆汇。

一、汇付

（一）汇付的含义及当事人

1. 汇付的含义

汇付又称汇款，是指付款人主动通过银行或其他途径将款项汇交收款人的一种支付方式。

2. 汇付的当事人

汇付方式一般有四个当事人：

（1）汇款人（remitter）。即汇出款项的人，在进出口贸易中一般为进口商。

（2）收款人（payee/beneficiary）。即收取款项的人，在进出口贸易中一般为出口商。

（3）汇出行（remitting bank）。即受汇款人委托汇出款项的银行，通常为进口地的银行。

（4）汇入行（paying bank）。即受汇出行委托解付汇款的银行，又称为解付行，通常为出口地的银行。

（二）汇付的种类

汇付可以分为信汇、电汇和票汇三种。

1. 信汇

信汇（mail transfer，M/T）是指汇出行应汇款人的申请，将信汇委托书寄给汇入行，授权解付一定金额给收款人的一种汇款方式。

信汇方式的优点是费用较为低廉,但汇款的速度较慢,进出口业务中一般很少采用。

2. 电汇

电汇(telegraphic transfer,T/T)是指汇出行应汇款人的申请,拍发加押电报、电传或SWIFT指示汇入行解付一定的金额给收款人的一种汇款方式。

电汇方式的优点是收款人可以迅速地收到汇款,但费用较高,使用也最为普遍。

电/信汇的业务程序如图5-3所示。

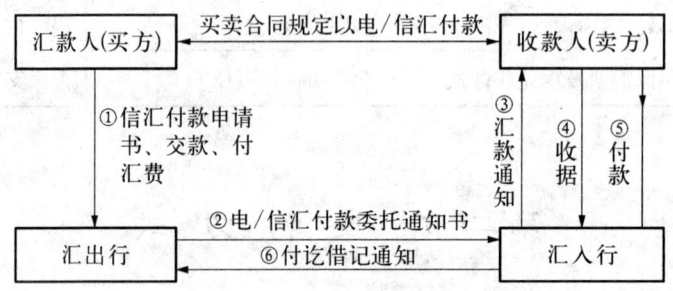

图5-3 电/信汇的业务程序图

3. 票汇

票汇(remittance by banker's demand draft,D/D)是指汇出行应汇款人的申请,代汇款人开立以其分行或代理行为解付行的银行即期汇票,支付一定金额给收款人的一种汇款方式。

票汇的业务程序如图5-4所示。

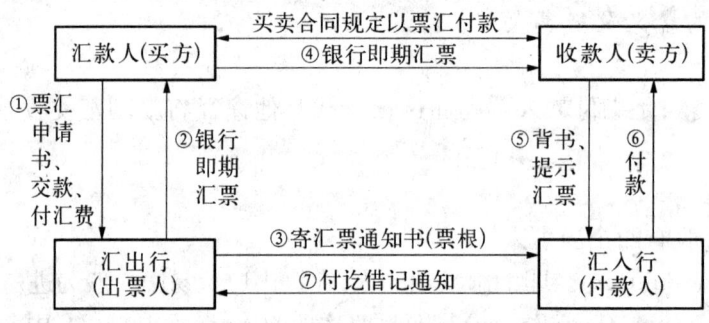

图5-4 票汇的业务程序图

(三) 汇付的性质和应用

1. 汇付的性质

汇付属于商业信用。在进出口业务中,使用汇付方式结算货款,银行只提供清算服务而不提供信用,进口商和出口商是否履行自己的义务完全取决于双方的商业信用。

2. 汇付在进出口贸易中的应用

在我国的进出口业务中,汇付的使用有以下几种情况:

(1) 货到付款(payment after arrival of goods)。货到付款指出口商先发货,进口商再付款的方式。这种支付方式明显对出口商不利。

（2）预付货款（payment in advance）。预付货款指进口商在未收到货物之前，将货款的一部分或全部交给出口商的方式，出口商在收到货款后，立即发货。预付货款方式对进口商不利。

二、托收

（一）托收的含义和当事人

1. 托收的含义

托收是指出口商为了向进口商收取货款，开立以进口商为付款人的汇票，委托银行代收货款的结算方式。出口商将全套的单据及汇票一起通过银行向进口商提示，进口商在承兑或付款后取得单据。

2. 托收的当事人

（1）委托人（principal），是指委托银行办理托收业务的客户，在进出口贸易中通常为出口商。

（2）托收行（remitting bank），是指接受委托人的委托，办理托收业务的银行。进出口贸易中通常为出口商所在地的银行。

（3）代收行（collecting bank），是指接受托收行的委托向付款人收取款项的银行。进出口贸易中通常为进口商所在地的银行。

（4）付款人（drawee，payer），是指根据托收行的托收指示，被提示单据而向代收行付款的人。通常为进口商。

（5）提示行（presenting bank），是指向付款人提示单据的银行。一般情况下代收行就是提示行。

（二）托收的种类及业务程序

1. 按照托收时是否附随有商业单据划分

（1）光票托收（clean collection），是指出口商在收取货款时仅凭汇票，不附随任何商业单据。光票托收主要用于小额货款交易。

（2）跟单托收（documentary collection），是指出口商在收取货款时附随有汇票和商业单据或者只附随有商业单据。在进出口贸易中，大多采用跟单托收。

2. 按照托收时向付款人的交单条件不同划分

（1）付款交单（documents against payment，D/P），是指出口商的交单以进口商的付款为前提。即出口商发货后，将汇票连同商业单据交给银行，委托其办理托收，并指示银行只有在进口商付清货款后才能交出商业单据。付款交单按照交单时间的不同又分为即期付款交单（D/P at sight）和远期付款交单（D/P after sight）。即期付款交单是指出口商发货后开具即期汇票，连同商业单据，通过银行向进口商提示，进口商见票后立即付款，在付清货款后向银行领取商业单据。远期付款交单是指出口商发货后出具远期汇票，连同商业单据，通过银行向进口商提示，进口商见票后先在汇票上承兑，于汇票到期日付清货款后再领取商业单据。

上述的即期付款交单和远期付款交单的两种做法，进口商都必须在付清货款后才能取得单据,提取货物或转售货物。在远期付款交单的条件下,如果汇票的到期日和到货日期基本一致,则不失为对进口商的一种资金融通。但如果到货日早于付款日期,进口商又想早点提货,抓住有利时机转售货物,可以采用两种办法:一是在付款到期日之前付款赎单,并扣除提前付款日到原付款到期日之间的利息,作为进口商提前付款的现金折扣;二是进口商在承兑远期汇票后出具信托收据(trust receipt,T/R),向银行借取商业单据,先行提货,于汇票到期时再付清货款,这种方法称为远期付款交单凭信托收据借单(D/P. T/R)。

(2)承兑交单(documents against acceptance,D/A),是指出口商的交单以进口商的承兑为条件。即出口商发货后开出远期汇票,连同商业单据,通过银行向进口商提示,进口商承兑汇票后代收行就交出商业单据,进口商待汇票到期日再履行付款义务。

承兑交单方式只适用于远期汇票的托收。由于承兑交单是在进口商承兑汇票后,即可取得货运单据,并凭以提货,这对出口商来说已经交出了物权凭证,其收款保证只能取决于进口商的商业信用。一旦进口商到期不付款,出口商就有可能遭受货、款两空的风险。所以采用承兑交单应谨慎。

托收支付方式的业务程序图如图5-5所示。

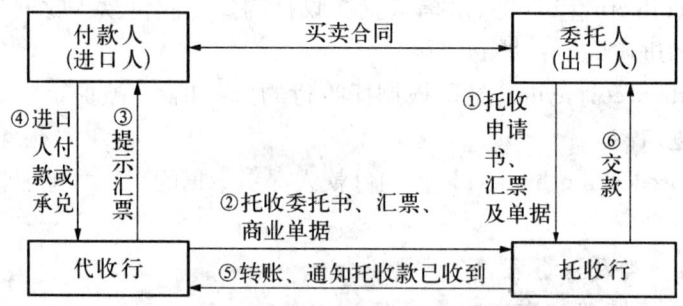

图5-5 托收支付方式的业务程序图

(三)托收的性质及应用

1. 托收的性质

托收是一种商业信用。在托收业务中,银行只提供服务不提供信用。出口商能否收回货款完全取决于进口商的信誉。

2. 托收的应用

从以上托收的业务程序和性质中我们可以看出,托收对出口商而言是先发货后收款,这实际上是出口商向进口商提供了商业信用,在此过程中出口商承担了较大的风险。原因有二:一是如果在货物出运后进口商丧失了偿还货款的能力,或者因为行市下跌,进口商借故不履行合同,出口商不但要承担无法按时收回货款的风险,而且要承担货物到目的地后提货、存仓、提货的费用,以及转售的价格损失。二是如果采用的是承兑交单,出口商更加有可能遭受钱货两空的风险。

(四)《URC522》

《URC522》是约束托收支付方式的国际贸易惯例,1996年1月1日修订,国际商会第

522 号出版物,全文共七个部分 26 条主要内容:① 银行核实单据表面状况;② 银行的免责内容;③ 银行与收货人的关系;④ 托收遭拒付时,银行有何义务;⑤ 需要时的代理问题;⑥ 银行对托收项下的货物有何义务;⑦ 托收遭拒付时,代收行的退单时间(60 天);⑧ 对托收的法律约束问题。

（五）使用托收时应注意的问题

(1) 托收是商业信用,进出口商要承担很大风险。

(2) 需要时的代理(委托人的代表)。

(3) 进口人办理保险时出口人存在的风险。出口人要办卖方利益险或出口信用险。出口信用险(export credit insurance)是保障因国外进口商的商业风险或政治风险而给本国出口人造成的收不到货款的损失。卖方利益险承保的是在 CFR 或 FOB 等条件下,若货物运输途中受损,买方不付款赎单时给卖方造成的损失。

(4) 进行资信及经营作风的调查。

(5) 注意进口国的外汇管制规定。

(6) 注意某些国家的特殊规定。

三、信用证

正因为汇付和托收支付方式都是商业信用,随着国际贸易的发展逐渐出现了有银行和金融机构参与并承担付款责任的信用证支付方式,并且得到了广泛的应用。当今,信用证支付方式已经成为进出口贸易中普遍采用的支付方式。

（一）信用证的含义、性质及特点

1. 信用证的含义

信用证是指银行(开证行)按进口商的要求和指示或代表其自身,开给出口商的,在单证相符的条件下承诺支付汇票或发票金额的文件。简言之,信用证是一种银行开立的有条件的承诺付款的书面文件。

由此可见,信用证是开证行对受益人的一种有条件的付款保证,只要受益人履行信用证所规定的条件,即受益人只要提交符合信用证所规定的单据,开证行就保证付款。所以信用证支付方式属于银行信用。

2. 信用证的特点

信用证支付方式的特点主要表现在以下三方面:

(1) 信用证付款是一种银行信用。在以上信用证的性质中我们也提到,信用证支付方式下只要受益人提交符合信用证所规定的单据,开证行就保证付款。相当于银行处于第一付款人的地位。因此在信用证业务中,开证银行对受益人的责任是一种独立的责任。

(2) 信用证是独立于合同之外的一项自足文件。信用证的开立是以买卖合同为依据开立的,但信用证一经开出,就成为独立于合同之外的另一种契约,不受买卖合同的约束。因此,信用证的开证行和参与信用证业务的其他银行只按信用证的规定办事。

（3）信用证业务是一种纯粹的单据交易。在信用证支付方式下，实行的是凭单付款的原则。信用证的有关各方面也处理的是单据，而不是与单据有关的货物、服务及/或其他行业。所以，信用证业务是一种纯粹的单据业务。银行虽有义务"合理小心地审核一切单据"，但只审核单据表面上是否符合信用证条款。开证行只根据表面上符合信用证条款的单据付款。所以受益人在制作单据时一定要做到"单证一致"、"单单一致"。

（二）信用证涉及的当事人

信用证支付方式涉及的当事人较多，通常有以下几个：

（1）开证申请人（applicant），是指向银行申请开立信用证的人，即进口商和实际的买方，又称为开证人（opener）。

（2）开证行（opening bank，issuing bank），是指接受开证申请人的委托开立信用证的银行，它承担保证付款的责任。开证行一般为进口商所在地的银行。

（3）受益人（beneficiary），是指信用证上所指定的有权使用该证的人，即出口商或实际的供货人。

（4）议付行（negotiating bank），是指根据开证行的授权买入或贴现受益人开立和提交的符合信用证规定的汇票或单据的银行。议付行可以由开证行指定，也可以是非指定的银行，由信用证的条款决定。

（5）通知行（notifying bank，advising bank），是指受开证行的委托，将信用证转交出口商的银行。通知行负责鉴别信用证表面的真实性，不承担其他义务。通知行通常为出口商所在地的银行。

（6）付款行（paying bank，drawee bank），是指开证银行指定的代开证行付款或承兑并支付信用证受益人出具的汇票的银行。在大多数情况下，付款行就是开证行自己。

（7）保兑行（confirming bank），是指根据开证行的请求在信用证上加具保兑的银行。保兑行的责任和开证行的地位和责任与开证行相同，承担第一性的付款责任。

（8）偿付行（reimbursing bank），又称为清算银行，是指接受开证行的指示或授权，代开证行偿还垫款的第三国银行，即开证行指定的对议付行或代付行进行偿付的代理人。偿付行的出现往往是由于开证行的资金调度或集中在该第三国银行的缘故，要求该银行代为偿付信用证规定的款项。

（三）信用证支付的一般程序

信用证支付主要有五个环节：

（1）进口商申请开证。

（2）开证行开立信用证。

（3）出口方银行通知/传递信用证。

（4）出口方银行议付及索汇。

（5）进口商付款赎单提货。

信用证支付程序图如图5-6所示。

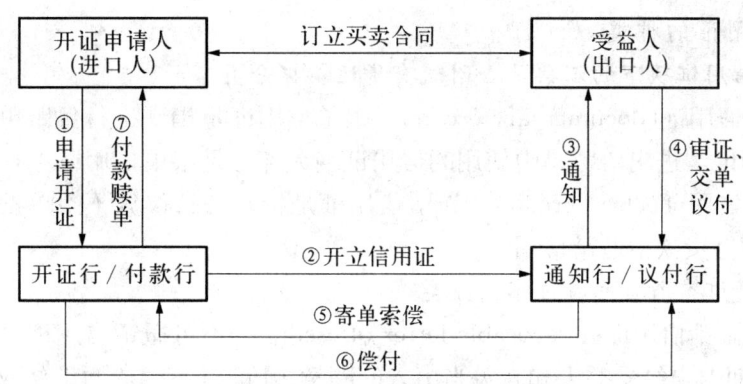

图 5-6 信用证支付程序图

（四）信用证的作用

采用信用证支付对买卖双方以及银行都有一定的好处,主要表现在以下几个方面。

1. 对出口商的作用

(1) 保证出口商凭单取得货款。在采用信用证支付方式时只要出口商做到"单证一致,单单一致",银行就保证支付货款。因此,这种银行信用的支付方式为出口商收取货款提供了较为安全的保障。

(2) 使出口商得到外汇保证。在进口和外汇管制严格的国家,进口商向银行申请开立信用证之前必须向本国的外汇当局申请外汇并得到批准。这样,出口商收到信用证说明在履约交货后可以按时收取到外汇。

(3) 可以取得资金融通。出口商在交货前,可凭进口商开来的信用证做抵押,向出口地银行申请"打包放款",用于出口货物的收购、加工、生产和包装;出口商在交货后,亦可凭全套单据"出口押汇"提前取得货款。这两种方法都是出口地的银行给予出口商提供的资金融通。

2. 对进口商的作用

(1) 可保证取得代表货物的单据。在信用证支付方式下,出口商要想得到货款,必须提供全套单证相符的单据,并且相关的开证行、保兑行、议付行都要对其表面的真实性进行审核。因此,对于进口商来说可以保证得到代表货物的单据,特别是代表物权凭证的提单。

(2) 可以取得资金融通。开证行对于资信良好的进口商收取少量的开证押金,而进口商在单据到达之后才付款;而采用远期信用证,进口商还可以凭信托收据(trust receipt)向银行借单,先行提货、转售,到期再付款。这些都为进口商提供了资金融通的便利。

3. 对银行的作用

银行在信用证业务中每做一项业务,均可收取各种费用,如开证费、通知费、议付费、保兑费、修改费等。在国际结算中,信誉良好的银行以及高质量的服务,又促进了信用证业务的发展。

但是,信用证支付方式也并不是完美无缺的,例如,进口商不按时开证,在信用证中故设陷阱;出口商伪造单据,业务手续烦琐,技术性强,费用较高,等等,都是信用证支付方式的弱点。

（五）信用证的种类

1. 根据信用证项下的汇票是否附随有货运单据分类

（1）跟单信用证（documentary credit）。跟单信用证是指开证行凭跟单汇票或仅凭单据付款的信用证。进出口贸易中使用的信用证绝大部分是跟单信用证。

（2）光票信用证（clean credit）。光票信用证是指开证行仅凭不附单据的汇票付款的信用证。在预付货款中通常使用。

2. 根据开证行所负的责任不同分类

（1）不可撤销信用证（irrevocable letter of credit）。不可撤销信用证是指信用证一经开出，在有效期内未经受益人和有关当事人的同意，开证行不得片面地修改和撤销。这种证对受益人比较有保障，在进出口贸易中普遍使用。

（2）可撤销信用证（revocable letter of credit）。可撤销信用证是指开证行对所开信用证不必征得受益人或有关当事人的同意，有权随时撤销的信用证。这种信用证对出口商极为不利。

《跟单信用证统一惯例（UCP600）》的第2、第3条均明确规定信用证是不可撤销的。其关于不可撤销的规定，表明了国际商会的明确立场：强化信用证不可撤销的属性，以加强对受益人的保护，从而维护信用证作为支付工具的功能。

3. 根据信用证是否有另一家银行加以保兑分类

（1）保兑信用证（confirmed letter of credit）。保兑信用证是指开证行开出的信用证，由另一银行保证对符合信用证规定的单据履行付款义务。不可撤销的保兑的信用证，则意味着该信用证不但有开证行不可撤销的付款保证，而且又有保兑行的兑付保证。所以这种有双重保证的信用证对出口商最为有利。

（2）不保兑信用证（unconfirmed letter of credit）。不保兑信用证是指开证行开出的信用证没有经另一家银行保兑。当开证行资信良好时，一般使用不保兑信用证。

4. 根据银行对信用证偿付方式不同分类

（1）付款信用证（payment L/C）。付款信用证是指受益人只能直接向开证行或其指定的付款行交单索偿的信用证。付款信用证一般不要求受益人开具汇票，仅凭受益人提交的单据付款。

（2）承兑信用证（acceptance L/C）。承兑信用证是指受益人开具远期汇票连同单据向指定银行提示承兑，并于汇票到期日履行付款。

（3）议付信用证（negotiation L/C）。议付信用证是指开证行允许受益人向某一指定银行或任何银行交单议付的信用证。议付信用证按是否限定议付行又分为公开议付信用证和限制议付信用证。前者是指开证行在信用证中不具体指定议付行；后者指开证行在信用证中指定一家银行办理议付。

5. 根据付款时间的不同分类

（1）即期信用证（sight L/C）。即期信用证是指开证行或付款行收到符合信用证条款的单据后，立即履行付款义务的信用证。

（2）远期信用证（time L/C, usance L/C）。远期信用证是指开证行或付款行收到符合信用证条款的单据后,在规定期限内保证付款的信用证。

6. 根据受益人对信用证的权利是否可转让分类

(1) 可转让信用证(transferable L/C)。可转让信用证是指开证行授权有关银行在受益人的要求下,可将信用证的全部或部分金额转让给第三者(即第二受益人)使用的信用证。可转让信用证必须注明"可转让"字样,否则不得转让。且可转让信用证只限转让一次。如信用证允许分批装运,可将信用证金额分别转让给几个第二受益人。

(2) 不可转让信用证(untransferable L/C)。不可转让信用证是指受益人无权将信用证金额转让给其他人使用的信用证。凡信用证未注明"可转让",均为不可转让信用证,限原受益人使用。

7. 其他形式的分类

除了以上介绍的信用证种类外,信用证还包括循环信用证、对开信用证、背对背信用证、预支信用证、备用信用证等。

(六)《跟单信用证统一惯例(UCP600)》

《跟单信用证统一惯例(UCP600)》是约束信用证支付方式的国际贸易惯例。2007年7月1日正式实施,共39条。

第三节 合同中的支付条款

一、汇付方式支付条款

汇付方式中,为了明确责任,防止拖延收付的时间,必须在进出口贸易合同中明确规定汇款的时间、具体的汇款方法和金额。汇付条款通常如下:

"The buyers should pay the 30% of the value to the sellers in advance by T/T(M/T or D/D) not later than ×××."

"买方应于×年×月×日前将30%货款用电汇(信汇/票汇)方式汇给卖方。"

二、托收方式支付条款

(1) 即期付款交单(D/P at sight)。例如,

"Payment by sight documentary draft drawn on buyer, documents against payment."

"凭买方为付款人的即期汇票于见票时立即付款,付款后交单。"

(2) 远期付款交单(D/P after sight)。例如。

"Payment by ×× days sight draft drawn on buyer, documents against payment."

"凭买方为付款人的见票后××天付款的汇票付款,付款后交单。"

(3) 承兑交单(D/A)。例如,

"Payment by draft drawn on buyer payable ×× days after sight, documents against acceptance."

"凭买方为付款人的见票后××天付款的汇票付款,承兑后交单。"

三、信用证方式支付条款

"By irrevocable letter of credit available by draft at sigth, to be valid for negotiation in china until 15 days after date shipment. The L/C must reach seller ×× days before contracted months of shipment."

"以不可撤销的信用证,凭即期汇票支付,有效期限为装运日期后15天在中国到期。该信用证须于合同规定的装运月份前××天到达卖方。"

 本章小结

> 本章共分三节阐述了国际货款的收付问题,第一节介绍了三种支付工具:汇票、本票和支票,其中汇票作为一种主要的支付工具,在国际贸易中最常用到,应认真掌握其相应的知识点;第二节介绍了国际贸易中常用的三种支付方式:汇付、托收、信用证,尤其信用证和汇款中的电汇两种支付方式在国际贸易中最常用到,在学习的过程中应理解并掌握其业务程序;第三节介绍了合同中通常使用的支付条款,应充分理解并掌握常用语句。

练习题

[识记 填空]

1. 汇票按照抬头的不同分为_____、_____和_____三种,其中指示汇票必须经过_____方可转让;汇票有即期和远期之分,在承兑业务中通常使用汇票。

2. 信用证依据_____开立的,但信用证又是_____对出口商有条件的付款承诺,这里的"条件"指的是_____一致,_____一致。

3. 国际货款的结算方式主要有_____、_____和_____三种。

4. 托收支付方式中,D/P与D/A相比_____对出口商风险更大。

5. 本票的当事人有_____个当事人,分别是_____。

6. 汇票的基本当事人有三个,分别是_____;而本票的基本当事人有_____个,分别是_____。

7. 汇款和托收支付方式属于_____信用,而信用证支付方式属于_____信用。

[是非 判断]

1. 一张不可撤销的信用证,无论在什么情况下都不可撤销。(   )

2. 保兑信用证中的保兑行对保兑信用证负有第一性的付款责任。(   )

3. 汇款是付款人主动通过银行或其他途径将款项交收款人的一种支付方式,所以属

于商业信用;而托收是通过银行的一种支付方式,因而属于银行信用。(   )

4. 汇票经过背书后,使汇票的收款权利转让给被背书人,被背书人若日后遭到拒付可向前手行使追索权。(   )

5. 承兑交单支付方式下,是由代收行对汇票进行承兑后,向进口商交单。(   )

6. 支票是以银行为付款人的即期汇票。(   )

7. 汇票和票汇都是支付方式中的一种。(   )

[选择 理解]

1. 根据《跟单信用证统一惯例(UCP600)》的解释,信用证的第一付款人是(   )。

A. 进口商　　　　　B. 开证行　　　　　C. 议付行　　　　　D. 通知行

2. 在其他条件不变的情况下,(   )的远期汇票对受款人最为有利。

A. 出票后 30 天付款　　　　　　　　B. 提单签发日后 30 天付款

C. 见票后 30 天付款　　　　　　　　D. 货到目的港后 30 天付款

3. 属于顺汇法的支付方式是(   )。

A. 汇款　　　　　B. 托收　　　　　C. 信用证　　　　　D. 银行保函

4. 用 D/P、D/A 和 L/C 三种结算方式,对于卖方而言,风险由大到小依次为(   )。

A. D/A D/P L/C　　　　　　　　B. L/C D/P D/A

C. D/P D/A L/C　　　　　　　　D. D/A L/C D/P

5. 按照《跟单信用证统一惯例(UCP600)》的规定,受益人最后向银行交单议付的期限是不迟于提单签发日的(   )。

A. 11 天　　　　　B. 15 天　　　　　C. 21 天　　　　　D. 25 天

[实训 提高]

1. 我某进出口公司向国外客户出口一批商品,合同中规定以即期的不可撤销信用证为付款方式,信用证的到期地点规定在我国。为保证款项的收回,应议付行的要求,我方商请香港某银行对开证行开立的信用证加以保兑。在合同规定的时间内,我方收到通知行转来的一张即期不可撤销保兑信用证。我出口公司在货物装运后,将有关单据交议付银行议付。不久接到保兑行通知:"由于开证行已破产,我行将不承担该信用证的付款责任。"请问:① 保兑行的做法是否正确? 为什么? ② 对此情况我方应如何处理?

2. 我某纺织品进出口公司与国外客户于 5 月 18 日签订了一份出口运动装的合同,合同中规定采用信用证付款方式支付,装运期为 10 月。由于双方的疏忽,合同中未对信用证的种类作出规定。我方收到国外客户开来的信用证后,发现该证也未规定信用证的种类。请问:该证是否要经过修改才能使用?《跟单信用证统一惯例(UCP600)》对此是怎么规定的?

3. 我某公司向日商以 D/P 即期方式推销某商品,对方答复若我方接受 D/P 90 天付款,并通过他指定的 A 银行代收可接受。请问:日商为何提出此要求?

4. 我国 A 公司出口一批货物,付款方式为 D/P 90 天。汇票及货运单据通过托收银行寄抵国外代收行后,买方进行了承兑,但货到目的地后,恰逢行市上涨,于是买方出具信托收据向银行借出单据。货物出售后,买方由于其他原因倒闭。但此时距离汇票到期日还有 30 天,试分析 A 公司于汇票到期时收回货款的可能性及处理措施。

6

第六章　　　　争议的预防与处理

学习目的

1. 掌握进出口贸易合同中的检验检疫、索赔、不可抗力和仲裁条款的订立及相关的知识
2. 掌握合同中相关知识

第一节　检验检疫

一、检验检疫的意义和作用

（一）检验检疫的意义

商品的检验检疫（commodity inspection）是指在进出口贸易中，对卖方交付给买方的质量、数量和包装等内容进行检测，以确定合同的标的是否符合进出口贸易合同的规定或国家有关的标准。

商品检验检疫是进出口贸易发展的产物，在进出口贸易中，由于买卖双方分处两国，难以当面交接和验收货物，同时货物经过长途运输难免发生残损、短缺等问题。为了避免发生争议以及发生争议后，分清楚责任归属，就需要有一个有资格的公证检验机构作为第三者，对于成交货物的品质、数量、重量和包装，以及运载工具等进行检验检疫并出具检验证书。

（二）检验检疫的作用

进出口商品的检验检疫工作在进出口贸易中具有重要的意义，是一国检验检疫机构依法对进出口商品进行品质管理，维护出口商品信誉，保证进口商品质量，保障对外经济贸易有关当事人合法权益的重要措施之一。在我国进出口贸易实践中，检验检疫工作的作用表现在：

（1）把好出口商品的质量关，维护国家和企业的声誉。

（2）有效地维护了企业信誉，增强了企业在国际市场上的竞争力，推动出口贸易的发展。

（3）为买卖双方交接货物、结算货款、通关计税和索赔理赔提供了依据。

二、检验检疫的时间和地点

货物的检验检疫时间和地点直接关系到买卖双方的权利和义务。在进出口贸易中，检验检疫的时间和地点的规定，基本做法有三种。

（一）在出口国检验检疫

货物在装运港或装运地装运前或离开产地前，由出口国生产地的质检人员或其委托的检验检疫机构人员对货物的质量、重量或数量进行检验后出具检验检疫证书作为交货的依据。卖方对于运输途中的风险变化概不负责。这种做法对卖方较为有利。

（二）在进口国检验检疫

在货物运抵目的港或目的地卸货后检验检疫，或在买方营业处所或最终用户的所在地检验。这一做法是将检验检疫推迟至货物运抵买方处所或最终用户所在地一段时间内进行，并以双方约定的该地的检验检疫机构所出具的检验检疫证书作为决定交货质量和数量的依据。这种做法对买方较为有利。

（三）在出口国检验检疫、在进口国复验

这种做法即以装运港或装运地的检验检疫证书作为收付货款的依据，但买方有权在目的港或目的地复检。这种做法在进出口贸易中普遍采用。

三、检验检疫机构和检验检疫证书

（一）商品检验检疫机构

检验检疫机构是指接受委托进行商品检验和公证鉴定工作的专门机构。在进出口贸易中，从事商品检验检疫工作的机构从性质来分，有官方、半官方和非官方三种。具体由哪类机构检验商品，由当事人在进出口贸易合同中约定。

目前，在我国主管全国出入境检验检疫、鉴定和管理工作的机构是中华人民共和国国家出入境检验检疫局及设在各地的分支机构。根据《中华人民共和国进出口商品检验检疫法》和《中华人民共和国进出口商品检验检疫实施条例》的规定，检验检疫机构的主要任务是实施法定检验、办理鉴定业务、对进出口商品的检验检疫工作实施监督管理。

（二）商品检验检疫证书及其作用

检验检疫机构对进出口商品实行检验检疫或鉴定后，根据不同的检验检疫结果或鉴定项目签发各种检验检疫证书（inspection certificate）。常见的检验检疫证书有：品质检验证书、重量或数量检验证书、包装检验证书、兽医检验证书、卫生检验证书、消毒检验证书、熏蒸证书、温度检验证书、残损检验证书、船舱检验证书、货载衡量检验证书、价值证明书、产地证明书等。

在进出口贸易中，检验证书的作用是：作为买卖双方交接货物、结算货款的依据之一；发生争议时，作为进行索赔和理赔的依据之一；是通关、征收关税和优惠减免关税、结算运费等的有效凭证；在使用信用证方式结算货款的情况下，检验证书通常也是银行议付货款和出口收汇的重要依据。

第二节 争议和索赔

一、争议及其产生的原因

（一）争议的含义

争议（disputes）是指买卖双方或有关当事人一方认为对方未能部分或全部履行合同规定的责任和义务而引起的业务纠纷。

（二）争议产生的原因

在进出口贸易中买卖双方发生争议的原因很多，主要可归结为以下三种情况：

（1）卖方违约，是指由于卖方不履行或不完全履行合同规定的义务，例如，不交付货物或虽然交货但所交货物的品质、数量、包装等不符合合同规定。

（2）买方违约，是指由于买方不履行或不完全履行合同规定的义务，例如，不能按照合同规定派船接货、指定承运人、支付货款或开出信用证、无理拒收货物等。

（3）买卖双方都负有违约责任，由于合同中所订条款欠明确，例如，合同是否成立，双方国家法律和惯例解释不同，买卖双方对此理解不一致或从本身的利益出发各执一词，造成一方违约，引起纠纷。

（三）违约责任

违约方的违约行为及其应该承担的法律责任，取决于不同法律的解释和规定。

（1）《英国货物买卖法》根据违约的内容把违约分为违反要件（breach of condition）和违反担保（breach of warranty）。

（2）《联合国国际货物销售合同公约》第25条根据违约造成的后果和严重程度把违约分为根本性违约（fundamental breach）和非根本性违约（non-fundamental breach）。

（3）美国将违约分为重大违约（material breach of contract）和轻微违约（minor breach of contract）。

（4）我国《合同法》规定：当事人一方延迟履行债务或有其他违约行为致使不能够实现合同目的的，对方可以不经催告解除合同；当事人一方延迟履行主要债务，经催告后在合理期限内未履行的，对方可以解除合同。合同终止，不影响合同中结算和清理条款的效力，也不影响当事人请求损害赔偿的权利。

若属于违反要件或根本性违约或重大违约，受害方有权主张解除合同并要求损害赔偿；若属于违反担保或非根本性违约或轻微违约，受害方只能要求损害赔偿，而无权主张解除合同。

二、索赔和理赔

（一）索赔和理赔的含义

索赔（claim）是指进出口贸易合同的一方当事人因另一方当事人违约致使其遭受损失

而向另一方当事人提出要求损害赔偿的行为。违约方对受害方的损害赔偿要求进行处理,称为理赔。所以,索赔和理赔是一个问题的两个方面。

（二）合同中的索赔条款及其规定方法

进出口贸易合同中的索赔条款有两种规定方法：一种是异议与索赔条款(discrepancy and claim clause)；另一种是罚金条款(penalty clause)。在一般的商品进出口贸易合同中,只订立异议与索赔条款,只有在大宗商品和机械设备一类商品的进出口贸易合同中,除了订立异议与索赔条款外,还规定罚金条款。

1. 异议与索赔条款

一般针对卖方所交货物质量、数量或包装不符合合同规定而订立的。异议与索赔条款一般包括索赔依据、索赔期限、索赔办法和金额等。

2. 罚金条款

在合同中规定,合同当事人一方未履行或未完全履行合同义务而向对方支付的一定数额的违约金。从性质上看,罚金具有惩罚性和补偿性双重性质。一般用于卖方延期交货或买方延期接货或买方迟开信用证延期付款的情况。

（三）索赔期限

索赔期限是指受害方有权向违约方提出索赔的期限。按照法律和国际惯例的规定,受害方只能在一定的索赔期限内提出索赔,若超过此期限,则丧失索赔权。索赔期限通常分为约定的索赔期限和法定的索赔期限。约定索赔期限视货物的种类、性质、运输等情况而定。法定索赔期限一般较长,例如,《联合国国际货物销售合同公约》规定,自买方实际收到货物两年之内,索赔有效。

（四）索赔和理赔应注意的问题

(1) 索赔方提出有效的证据,理赔方作好调查。

(2) 合理确定赔偿金额。

(3) 灵活选择解决争议的方法。

第三节 不可抗力

一般来说违约方要承担违约责任,但由于发生了不可抗力事件而造成一方当事人的违约,该当事人便可不承担违约责任。在实践中,要判断哪些事件可以构成不可抗力事故,各国法律解释不一。因此,为了防止产生不必要的纠纷,维护当事人的利益,通常在合同中订立不可抗力条款。

一、不可抗力的含义及认定方法

（一）不可抗力的含义

不可抗力(force majeure)是指合同签订以后,不是由于任何一方当事人的故意或过失,而是由于发生了当事人不能预见、不能避免、不能控制和不能克服的事件,以致不能履行或不能如期履行合同。发生了不可抗力事故,可免除当事人的违约责任,是一种免责条款。

（二）不可抗力的认定方法

一般构成不可抗力应具备以下三个条件:

（1）事件是在有关合同签订以后发生的。

（2）不是由于任何一方当事人的故意或过失所造成的。

（3）事件的发生及其造成的后果是当事人不能预见、不能避免、不能控制和不可克服的。

二、不可抗力的法律后果

引起不可抗力的原因有自然原因和社会原因两种。自然原因是指洪水、暴风雨、干旱、地震等人类无法控制的自然力量所引起的灾害;社会原因是指战争、罢工、政府禁令等。但并不是所有的自然和社会原因引起的事件都属于不可抗力。对于不可抗力的认定必须慎重,并与诸如价格波动、汇率变化等正常的贸易风险严格区别开来。

发生不可抗力事件后,应按合同约定的原则和办法及时处理。不可抗力的后果有两种:一是解除合同;二是延期履行合同。具体应如何处理,应视事故的原因、性质、规模及其对履行合同所产生的实际影响程度而定。一般情况下,如果不可抗力事故的发生使合同的履行成为不可能,则可解除合同;如果不可抗力事件只是部分地或暂时地阻碍合同的履行,则遭受事故的一方只能采用变更合同的方法,即对原订合同的条件或内容作适当的变更,部分履约或延迟履约,以减少另一方的损失。

三、不可抗力事故的处理

（一）不可抗力事故的通知和证明

当不可抗力事件影响合同履行时,当事人必须及时通知对方,对方也应该在接到通知后及时答复。为了明确责任,买卖双方应在合同中明确规定:如一方遭受不可抗力事件后,应以电传通知对方,并在15天内以航空挂号信提供事件的详细证明文件,以及影响合同履行程度的证明文件。

（二）证明文件及出具证明的机构

当一方援引不可抗力条款要求免责时,必须向对方提交合同中规定的证明机构的证明文件。在国外一般由当地的商会或合法的公证机构出具;在我国,由中国国际贸易促进委员会或其设在口岸的贸促会分会出具。

四、合同中不可抗力条款的内容及规定方法

进出口贸易合同中的不可抗力条款主要内容包括:不可抗力事故的范围、不可抗力事故的处理原则和方法、不可抗力事故发生后通知对方的期限的方法以及出具事故证明的机构等。

我国进出口贸易合同中的不可抗力条款主要有以下三种规定方法。

1. 列举式

列举式是在合同中详细列举不可抗力事故的范围,未列明的不能作为不可抗力加以援引,一旦发生条款中未列入的事件则比较被动,因此不是最好的办法。例如,"由于战争、洪水、火灾、地震、雪灾、暴风雨的原因致使买卖双方不能履行或不能如期履行各自的义务是不负责……"。

2. 概括式

概括式是在合同中不具体规定哪些事件属于不可抗力,只是笼统地、概括地规定,不具体列出。例如,"由于不可抗力事故使合同不能履行,发生事件的一方可以据此免除责任。"这种规定方法内容模糊,容易产生纠纷,所以不宜采用。例如,"如由于不可抗力的原因使卖方不能如期交货,卖方不负责任……"。

3. 综合式

综合式是采用列举式和概括式并用的方法,在合同中先列明经常可能发生的不可抗力事故的同时,再加上"以及双方同意的其他不可抗力事件"等一些文句。这种规定方法,既明确具体又有一定的灵活性,在我国进出口贸易合同规定不可抗力条款时,一般都采用这种方法。例如,"如因战争、地震、水灾、雪灾、暴风雨或其他不可抗力事故,致使任何一方不能履行合同时,不负责任……"。

第四节　仲　　裁

在进出口贸易中,买卖双方在合同履行过程中因种种原因发生争议是难以避免的。正确处理和妥善解决对外贸易争议,不仅关系到国家和企业的权益和对外声誉,而且直接关系到买卖双方的切身利益。实际业务中,解决合同争议的方法主要有四种:友好协商、通过第三方调解、仲裁和司法诉讼。其中,仲裁是解决进出口贸易争端的一种重要方法。

一、仲裁的含义和特点

(一)仲裁的含义

仲裁(arbitration)又称公断,是指买卖双方达成协议,自愿将其争议提交双方同意的仲裁机构进行裁决的方式。

(二)仲裁的特点

(1)采用仲裁方式解决争端是以双方的自愿为基础的。仲裁的采用一般都签订仲裁协议,仲裁协议是双方当事人表示愿意将他们之间的争议交付仲裁机构解决的一种书面协议。仲裁协议可以事先签订,也可以在争端发生之后签订。仲裁机构只有在收到当事人所提交的仲裁协议才受理争议案件。比起诉讼,仲裁方式是双方自愿采取的一种方式。

(2)仲裁具有一定的灵活性。由于仲裁机构一般为民间机构,且双方当事人可自愿选择仲裁员,因此具有一定的灵活性。

(3) 仲裁的程序简单。仲裁员一般是熟悉进出口贸易的专家和知名人士,故解决仲裁争议较快,而且费用也低廉。

(4) 仲裁对争议双方继续发展进出口贸易关系的影响较小。

(5) 仲裁的裁决是终局的。仲裁裁决对双方当事人都具有约束力,败诉方不得上诉,必须执行裁决,否则胜诉方可以要求法院强制执行。

二、仲裁协议

(一) 仲裁协议的含义和形式

仲裁协议是双方当事人表示愿意将他们之间的争议交付仲裁机构解决的一种书面协议。仲裁协议的形式有两种:一种是在争议发生之前订立的,它通常作为合同中的一项条款出现;另一种是在争议发生之后订立的。这两种形式的仲裁协议,其法律效力是相同的。

(二) 仲裁协议的作用

(1) 约束双方当事人只能以仲裁方式解决争议,不得向法院起诉。

(2) 排除法院对有关争议案件的管辖权,如果一方当事人违背仲裁协议,自行向法院起诉,另一方当事人可根据仲裁协议要求法院不予受理。

(3) 仲裁机构取得对争议案件的管辖权。

(三) 仲裁协议的内容

1. 仲裁的争议范围

一方当事人提请仲裁的争议以及仲裁机构所受理的争议,都不得超过仲裁协议中所规定的提交仲裁的范围,否则仲裁机构无权受理。

2. 仲裁地点

仲裁地点的选择也是仲裁协议中一个重要的内容。一般情况下仲裁地点的选择有三种:在本国仲裁、在对方国家仲裁以及在双方约定的第三国仲裁。当事人一般都争取在本国进行仲裁,这是由于当事人对自己所在国家的法律和仲裁的做法比较了解。

3. 仲裁机构

进出口贸易中的仲裁,可由双方当事人约定在常设的仲裁机构进行,也可以由双方当事人共同指定仲裁员组成临时仲裁庭进行仲裁。

我国常设的仲裁机构主要是中国国际经济贸易仲裁委员会和海事仲裁委员会。中国国际经济贸易仲裁委员会总会在北京,根据业务发展的需求又分别在上海和深圳设立了分会。此外,我国的一些省市还相继设立了一些地区性的仲裁机构。

4. 仲裁裁决的效力

在订立仲裁协议时,应当订明裁决的效力,即仲裁裁决是终局的,对双方当事人均具有约束力。

5. 仲裁费用的负担

通常在仲裁条款中明确规定出仲裁费用由哪方负担,一般由败诉方负担,也有的规定为由仲裁庭酌情决定。

三、仲裁程序

(1) 仲裁申请。

(2) 仲裁庭的组成。

(3) 仲裁受理。

(4) 仲裁裁决。

 ## 本章小结

本章分四节阐述了争议的预防和处理的一些措施,第一节介绍了检验检疫相关的知识点,对实际操作有一定的现实意义;第二节介绍了争议和索赔相关的知识点;第三节介绍了不可抗力;第四节介绍了仲裁。本章四节中涉及的内容在国际贸易中并非必经环节,只有在合同中要求或者在履行合同过程中发生时才会应用到。本章要求学生对其概念理解,对其操作过程熟悉。

练习题

[识记 填空]

1. 一般贸易合同中的索赔条款有两种规定方法:_____和_____。

2. 目前常见的检验检疫证书有_____等。

3. 争议产生的原因分为卖方违约、_____以及_____。

4. 不可抗力条款的规定方法有_____、_____和_____。

5. 商品检验检疫的时间和地点的规定中,一般情况下都采用_____。

6. 仲裁费用一般由_____来负担。

7. 《联合国国际货物销售合同公约》把违约分为_____和_____。

[是非 判断]

1. 根据《联合国国际货物销售合同公约》规定,买方向卖方提出索赔的最后期限是在货物到达买方后四年。( )

2. 按《联合国国际货物销售合同公约》的解释,如违约的情况尚未达到根本性违约的程度,则受损害的一方有权向违约方提出损害赔偿的要求,但不可宣告合同无效。( )

3. 我方与对方签订进出口贸易合同后,在生产过程中,厂房失火,致使两间中的一间厂房丧失了生产能力。我方可以援引不可抗力条款要求解除合同。( )

4. 商检证书的主要作用之一是作为买卖双方交接货物、结算货款的依据。( )

5. 引起不可抗力事故的原因包括由于自然力量和社会力量引起的所有灾害和意外事

故。（　　）

6. 只要支付了罚金便可不履行合同。（　　　）

7. 凡是属于法定检验范围的商品,在办理进出口清关手续时,必须向海关提供商检机构签发的检验证书,否则,海关不予放行。（　　　）

[选择　理解]

1. 对我国进出口商品实施法定检验检疫的机构是（　　　）。

A. 中华人民共和国国家出入境检验检疫局及设在各地的分支机构

B. 中国进出口商品检验检疫总公司及分公司

C. 各有关单位自己设立的检验检疫机构

D. 各口岸检验检疫机构

2. 仲裁裁决的效力是（　　　）。

A. 终局的,对争议双方都具有约束力　　　B. 非终局的,对争议双方不具有约束力

C. 有时是终局的,有时是非终局的　　　　D. 一般还需要法院最后判定

3. 在进出口贸易中,较常采用的不可抗力事故范围的规定方法是（　　　）。

A. 概括规定　　　B. 不规定　　　C. 具体规定　　　D. 综合规定

4. 在出口国检验,进口国复验这种检验条款的规定方法（　　　）。

A. 对卖方有利　　　　　　　　　　　　B. 对买方有利

C. 比较公平合理,照顾了买卖双方的利益　D. 对保险公司有利

5. 异议与索赔条款适用于品质、数量、包装等方面的违约行为,它的赔偿金额（　　　）。

A. 一般预先规定　　　　　　　　　　　B. 一般不预先规定

C. 由第三方代为规定　　　　　　　　　D. 由受损方确定

[实训　提高]

1. 我国某出口企业以CIF纽约与美国某公司订立了200套家具的出口合同。合同规定某年12月底交货。11月底,我企业出口商品仓库发生雷击火灾,致使一半左右的出口家具烧毁。我企业以不可抗力事故为由,要求免除交货责任,美方不同意,坚持要求我方按时交货。我方无奈经多方努力,于次年一月初交货,美方提出索赔。请问:① 我方要求免除交货责任的要求是否合理? 为什么? ② 美方的索赔要求是否合理? 为什么?

2. 我A公司与国外B公司以CIF纽约条件出口一批农产品,订约时,我A公司已知道该批货物要转销加拿大。该货物到纽约后,立即转运加拿大。其后买方凭加拿大商检机构签发的检验证书,向我方提出索赔。请问:我方应如何对待加拿大的检验证书?

3. 某国一公司以CIF鹿特丹出口食品1 000箱,即期信用证付款,货物装运后,出口商凭已装船清洁提单和已投保一切险及战争险的保险单,向银行收妥货款。货到目的港后,经进口商复验发现下列情况:

(1) 该批货物共有10个批号,抽查20箱,发现其中2个批号涉及200箱内含有沙门氏细菌超过合同标准。

(2) 收货人实际收到998箱,缺少2箱。

(3) 有15箱货物外表状况良好,但箱内货物共缺少60千克。

请问：根据上述案情，进口商应分别向谁索赔？

4. 甲方与乙方签订了出口某货物的合同一份，合同中的仲裁条款规定："凡因执行本合同发生的一切争议，双方同意提交仲裁，仲裁在被诉方国家进行。仲裁裁决是终局的，对双方都有约束力。"合同履行过程中，双方因品质问题发生争议，于是将争议提交甲国仲裁。经仲裁庭调查审理，认为乙方的举证不实，裁决乙方败诉。事后甲方因乙方不执行裁决向本国法院提出申请，要求法院强制执行，乙方不服。请问：乙方可否向本国法院提请上诉？为什么？

7

第七章　　交易磋商与合同订立

学习目的

1. 了解有关进出口合同磋商和履行的基本知识
2. 熟悉交易磋商的形式与内容,交易磋商的过程
3. 掌握进出口合同的订立,并能结合业务背景,解决进出口业务中的实际问题

第一节　交易磋商

一、交易磋商的形式

交易磋商有两种形式:一种是口头磋商;另一种是书面磋商。口头磋商是指在谈判桌上面对面的谈判,如参加交易会(如广交会、义博会)、洽谈、贸易小组出访、邀请客户来华洽谈生意等,通过视频磋商也属于口头磋商。口头磋商也可以根据进展情况及时调整策略,对谈判内容复杂、设计问题多的交易最为合适。

书面磋商是指双方通过信件、电子邮件、传真、电报以及电传等通讯方式来洽谈交易。现在传真取代了以往的电报,传真内容可以是照片、图表、书信、文件等,但传真容易褪色,不能长期保存,且容易作假。随着现代通讯技术的发展,很多企业已开始使用电子邮件磋商交易,但目前电子邮件及电子数据交换等数据文件的法律效力在国际范围还有待进一步明确。因此,通过传真或电子邮件达成交易的,应以信函补寄正本文件或另行签订合同书,以掌握合同成立的可靠证据。

二、交易磋商的内容

交易磋商的主要内容包括货物的品名、品质、数量、包装、价格、装运、支付条件,但通常也涉及保险、商检、索赔、仲裁和不可抗力等。具体磋商时应注意各条款之间保持内在的一致性,避免前后冲突,自相矛盾。

为了简化交易磋商内容,加快磋商的进程,并节省磋商的时间和费用,买卖双方往往在正式进行磋商之前,先与对方就"一般交易条件"达成协议。这里的"一般交易条件"是指由卖方为出售或买方为购买货物而拟订的对每笔交易都适用的一套共性的交易条件。一般交易条件大都印在买卖双方自行设计和印刷的销售合同或购货合同的背面或格式正面的下部。买卖双方也可以根据交易的实际需要,提出与一般交易条件不同的条件。

三、交易磋商的程序

在进出口贸易合同磋商过程中,一般地,磋商程序包括四个环节:询盘、发盘、还盘和接受,其中只有发盘和接受是达成交易所必需的法律步骤。

（一）询盘

询盘(inquiry)是准备购买或出售商品的一方,向潜在的卖方或买方询问买卖该项商品的有关条件或交易的可能性的一种业务行为。询盘既可由卖方也可由买方发出,询盘对当事人双方都不具有法律上的约束力。

询盘的内容可涉及价格、规格、品质、数量、包装、交货期,以及索取样品、商品目录等,在进出口贸易实务中以询问价格最为普遍,因此也常称为询价。询盘中所提出的条件往往是不确定的,或者是附加了保留条件,例如,价格使用参考价(reference price)或价格倾向(price indication),或使用"以我方最后确认为准(subject to our final confirmation)"或"有权先售(subject to prior sale)"等说法。因此,不能构成有效的发盘,只是起到邀请对方发盘的作用。询盘并不是交易磋商的必经步骤,但它往往是交易的起点,对加深交易双方的彼此了解,促成交易达成具有重要的作用,因此,应对所接到的询盘给予重视,并作出及时的处理。

【例7-1】询盘实例

Dear sirs,

We have got the address of your company through your website.

Let us introduce our company. Our main business is selling famous brand athletic shoes, such as Nike, Adidas, and so on. We believe there is a promising market in the USA and Canada. We are looking for a supplier as our long term partner, and we would like you to send us detailed information on such items, including sizes, colors, and your lowest quotation on CIF New York. If your prices are competitive, we may place a large order.

Yours faithfully

（二）发盘

发盘(offer)是买卖双方的一方(发盘人,offer)向另一方(受盘人,offee)提出购买或出售某种商品的各项主要交易条件,并愿按这些条件与对方达成交易、订立合同的一种肯定的表示。

发盘人可以是卖方,也可以是买方。在交易磋商中诱使对方发盘可使自己处于有利地位。发盘由卖方发出,称为售货发盘(selling offer);由买方发出,称为购货发盘(buying offer)或递盘(bid)。在发盘有效期内,发盘人不得任意撤销或修改其内容,一经对方接受,将受其约束,并承担按照发盘条件与对方订立合同的法律责任。

【例7-2】发盘实例

Dear sirs,

We are in receipt of your letter dated August 1st, and are willing to enter into business relations with you on the basis of mutual benefit.

We are pleased to make you a special offer as follows:

Name of commodity: Westlake brand color TV set 21 inches

Quantity: 1000 sets

Unit price: USD150 per set CFR Vancouver

Payment should be made by Irrevocable Sight L/C and shipment will be made within one month after the receipt of L/C.

Our color TV sets are of top quality and reasonable price. All TV sets are guaranteed for one year, and we can also provide spare components and after-sales services to customers.

We hope that the above quote will be accepted and assure you of our best services at any time.

Sincerely yours

1. 发盘的构成条件

根据《联合国国际货物销售合同公约》的解释,构成一项法律上有效的发盘的必要条件有如下四个:

(1) 向一个或一个以上特定的人提出。此项规定的目的是为了将发盘与普通商业广告、向国外客商寄发商品价目单或宣传资料等行为区别开来。

(2) 发盘的内容要十分确定。合同通常有六项主要交易条件:商品品质、数量、包装、价格、交货和支付条件。

(3) 表明订立合同的意旨。发盘必须表明严肃的订约意旨,即发盘应该表明发盘人在得到接受时,将按照发盘条件承受约束,而与受盘人达成合同。

(4) 送达到受盘人。发盘于送达受盘人时生效。

2. 发盘的有效期

发盘人对发盘的有效期可作明确的规定,也可不明确的规定。如果没有规定有效期,受盘人应在合理时间内接受。至于合理时间,国际上无统一解释。因此进出口贸易实务中最好明确规定。如"限 15 日复","发盘有效期 6 天"等。

3. 发盘的生效

发盘在到达受盘人时生效,发盘送达之前对发盘人没有约束力。

4. 发盘的失效

发盘失效有以下五种情况:

(1) 受盘人作出还盘。

(2) 发盘人依法撤销发盘。

(3) 发盘中规定的有效期届满。

(4) 人力不可抗拒的意外事故。

(5) 在发盘接受前,当事人丧失行为能力或死亡或法人破产等。

(三) 还盘

还盘(counter offer)是指受盘人不同意或不完全同意发盘人在发盘中提出的条件,从而提出修改意见供发盘人考虑。还盘既是受盘人对发盘的拒绝,也是受盘人以发盘人的地位所提出的新发盘。一方的发盘经对方还盘后即失去效力,除非得到原发盘人同意,受盘人不得在还盘后反悔,再接受原发盘。

【例 7 - 3】还盘实例

Dear sirs,

Thank you for your fax of April 2nd, but we regret to learn that you feel our prices too high.

We would like to point out that the prices we quoted are lowest level, which make the profit margin very thin. So we cannot see our way clear to make any reduction in the price of this type.

With a view to supporting your sales, we recommend our type 123 as an excellent substitute at your previously-mentioned price. It is of the similar quality and function to the substance you demand.

Your favorable consideration of this opportunity would be highly appreciated.

Yours sincerely

(四) 接受

接受(acceptance)在法律上称为承诺,是指受盘人接到对方的发盘后,在其有效时限内,以声明或行为表示同意发盘提出的各项交易条件。《联合国国际货物销售合同公约》规定,接受既可以采用口头的形式,还可以采用书面声明的形式,还可以通过发货或付款的实际行动来表示,缄默或不行动本身不等于接受。

【例 7 - 4】接受实例

Dear sirs,

Referring to your email of March 1st , we are pleased to confirm having sold to you 100 pairs of shoes on the terms and conditions agreed upon.

We enclose herewith our sales confirmation No. 123 in duplicate, a copy of which please countersign and return to us for our file.

Yours faithfully

1. 接受的条件

根据《联合国国际货物销售合同公约》的解释,构成一项法律上有效的接受的必要条件有如下四个:

(1) 接受必须由受盘人作出。受盘人必须以声明或其他行为向发盘人表示出来,缄默或不行动本身不等于接受。

(2) 接受必须与发盘内容完全一致。接受必须与发盘相符,只接受发盘中的部分内容,或对发盘条件提出实质性的更改,或提出有条件的接受,均不能构成接受,而只能视作还盘。所谓实质性更改,根据《联合国国际货物销售合同公约》第19条第3款规定,有关货物价格、付款、货物重量和数量、交货时间、地点、一方当事人对另一方当事人的赔偿责任范围或解决争端等的添加或不同条件,均视为在实质上变更发盘条件。但是,若受盘人在表示接受时,对发盘内容提出某些非实质性(不改变发盘的条件)的添加、限制或更改(如要求增加重量单、装箱单、原产地证明或某些单据的份数,包装的改变等),除发盘人在不过分迟延期间内表示反对其差异外仍构成接受。

(3) 接受必须在发盘规定的有效期内送达发盘人。

(4) 接受必须以口头或书面明确表示出来。

2. 接受的生效

接受在什么情况下生效,国际上不同国家的法律有不同的解释。英美法系实行的是"投邮生效"原则,即采用信件、电报等通讯方式表示接受时,接受的函电一经发出立即生效,不影响合同的成立。大陆法系采用的是"到达生效"原则,即接受的函电须在规定时间内送达发盘人,接受方才生效。函电在途中遗失,合同不能成立。《联合国国际货物销售合同公约》采纳的是"到达生效"原则,规定接受人表示同意的通知送达发盘人时生效。

3. 逾期接受

如果接受通知超过发盘规定的有效期或超过合理时间才送达发盘人,这就成为一项逾期接受。逾期接受在一般情况下无效,但在下列情况下仍然有效:

(1) 发盘人毫不迟延地用口头或书面将该项逾期接受仍然有效的意见通知受盘人。

(2) 由于出现传递不正常的情况而造成了延误,这种逾期接受可被认为是有效的。发盘人毫不迟延地用口头或书面通知受盘人认为发盘已经失效,这里关键要看发盘人如何表态。

第二节 合同订立

一、书面合同订立的意义

在进出口贸易中,当买卖双方就交易条件经过磋商达成一致协议后,合同即告成立。

合同是具有约束力的法律性文件,任何一方违反合同的规定都将承担法律责任。在进出口贸易实务中,按照习惯做法,买卖双方达成协议后,通常还要签订书面合同或成交确认书,进一步明确双方各自的权利和义务。一般说来,书面合同具有以下三个方面的意义:

(1) 作为合同成立的证据。合同是否成立,必须要有证明。尤其是在通过口头谈判达成交易的情况下,签订一定格式的书面合同就成为不可缺少的程序。书面合同可以证明合同关系的存在,一旦发生争议,可以此为凭证,据理力争。

(2) 作为合同履行的依据。交易双方通过口头谈判或电讯磋商达成交易后把彼此达成一致的内容,订立一定格式的合同,履行合同时可参照执行。

(3) 作为合同生效的条件。一般来说,接受生效,合同就成立,但在通过信件、电报、电传达成协议的特定环境下,一方当事人要求签订确认书,则签订确认书方为合同成立。此外,如果所签合同必须是经一方或双方政府审核批准的合同,那么这一合同的生效必须是具有一定格式的书面合同。

二、书面合同的形式

国际上,买卖双方既可采用正式合同、确认书、协议,也可采用备忘录等形式。

在我国进出口贸易实务中,书面合同主要采用下列几种形式:

(1) 买卖合同,包括销售合同和购货合同。这类合同除了商品的名称、规格、包装、装运港和目的港、交货期、付款方式、运输标志、商品检验等条件以外,还有异议索赔、仲裁、不可抗力等条件。买卖合同条款完备、内容全面,适合大宗商品或成交额较大的交易。

(2) 简式合同,包括销售确认书和购货确认书。这类合同的条款比买卖合同简单,适用于金额不大的小土特产品和轻工产品,或者已订有代理、包销等长期协议的交易。

(3) 协议。在法律上是"合同"的同义词。如合同冠以"协议"或"协议书"的名称,只要它的内容对买卖双方的权利和义务已作了明确、具体的规定,它就与合同一样对买卖双方有约束力。

(4) 备忘录。备忘录也可作为书面合同的形式之一,但在进出口贸易实务中很少采用。

除了上面常用的合同形式外,有时也采用订单和委托订购单。订单是指有进口商或实际买主拟制的货物订购单;委托订购单是指由代理商或佣金商拟制的代客购买货物的订购单。进出口贸易实务中,国外客户往往将订单或委托订购单寄来一式两份,要求我方签署后退回一份。

三、书面合同的内容

书面合同无论采取何种形式,其基本内容通常包括约首、约尾和基本条款三个组成部分。

(1) 约首部分。约首部分一般包括合同名称、合同编号、缔约双方的名称和地址、联系方式以及双方订立合同的意思和执行的保证等项内容。

(2) 基本条款。这是合同的主体,具体列明各项交易条件和条款,其中包括标的、品质规格、数量或重量、包装、价格、运输、保险、支付方式、检验、履行期限和地点、违约的处理和解决等项内容。

(3) 约尾部分。约尾部分一般列明合同的份数、使用的文字及其效力、签约地点、生效时间和双方当事人签字等项内容。

四、合同成立的时间

根据《联合国国际货物销售合同公约》规定,合同成立的时间有两个判断标准:一是有效接受的通知送达发盘人时;二是受盘人作出接受行为时。

 本章小结

> 进出口业务交易磋商的形式有口头和书面两种形式。磋商的内容包括商品的品质、数量、包装、价格、装运、保险、支付等多个方面。交易磋商一般要经过询盘、发盘、还盘和接受四个环节,其中发盘和接受是两个必不可少的步骤。
>
> 合同对国际贸易中买卖双方的责任、权利、义务、费用和风险等进行了明确的划分,具有法律效应。对出口商而言,合同既是对买家应该履行义务的一种明确规定,同时更多的是对自己必须履行的义务的一种界定。这就需要外贸从业人员具备扎实的进出口相关知识和丰富的经验,外语水平过硬,并且熟悉相关法律知识和国际贸易惯例。

练习题

[识记 填空]

1. 进出口合同交易磋商的程序主要分为_____、_____、_____和_____四个步骤,其中_____和_____是两个必不可少的环节。

2. 接受生效的问题,英美法系采用的是"投邮生效"原则,而大陆法系采取的是"_____"原则。

3. 合同的基本内容包括_____、_____和_____三个部分。

4. 接受可采用_____、_____或者_____的形式表示出来。

[是非 判断]

1. 询盘又称询价,即一方向另一方询问价格。(   )

2. 一项发盘表明是不可撤销的发盘,则意味着发盘人无权撤回该发盘。(   )

3. 询盘、发盘和接受是交易磋商不可缺少的步骤。(   )

4. 从法律效力上看,合同和确认书这两种形式的书面合同没有区别。(   )

5. 一项发盘必须写明有效期。(   )

6. 在交易磋商过程中,发盘是卖方作出的行为,接受是买方作出的行为。(　　)

7. 一项有效的发盘,一旦被受盘人无条件地全部接受后,合同即告成立。(　　)

[选择　理解]

1. 某发盘人在其订约建议中加有"仅供参考"字样,则这一订约建议为(　　)。

A. 发盘　　　　　　B. 递盘　　　　　　C. 邀请发盘　　　　　　D. 还盘

2. 根据《联合国国际货物销售合同公约》规定,合同成立的时间是(　　)。

A. 接受生效的时间　　　　　　B. 交易双方签订书面合同的时间

C. 在合同获得国家批准时　　　　　　D. 当发盘到达受盘人时

3. 在下列条件中,(　　)不是构成发盘必须具备的基本要素。

A. 发盘的内容必须十分确定　　　　　　B. 主要交易条件必须齐全

C. 向一个或一个以上特定的人发出　　　　　　D. 主要发盘人承受约束的意旨

4. 指出下列哪个发盘有效(　　)。

A. 请改报装运期 12 日到复到有效

B. 你 15 日电每公吨 30 英镑 20 日复到

C. 你 15 日电可供 100 件参考价每件 9 美元

D. 你 15 日电接受,但以 D/P 替代 L/C

5. 下列哪一项内容的修改不属于实质性变更发盘的内容(　　)。

A. 解决争端的办法　　　　　　B. 数量、支付方式

C. 交货时间和地点　　　　　　D. 要求分两批装运

[实训　提高]

1. 将下列条款译成中文,并说明其含义。

WE CAN OFFER 1000 DOZEN T - SHIRTS SAMPLED OCTOBER 10TH USD 45.00 PER DOZEN FOB DALIAN CARTON PACKING SHIPMENT BEFORE THE END OF 2007 IRREVOCABLE L/C SUBJECT REPLY HERE 30TH.

2. 天意公司出口灯具一批,价格为 15 美元一盏,要求采用 T/T 结算,可提供 20 000 盏。请帮助该公司拟一份发盘函电。

3. 我方某进出口公司向国外商人询购某商品,不久,我方收到对方 8 月 15 日的发盘,发盘有效期至 8 月 22 日。我方于 8 月 20 日向对方回复:"若价格能降至 56 美元/件,我方可以接受。"对方未作答复。8 月 21 日我方得知国际市场行情有变,于当日又向对方去电表示完全接受对方 8 月 15 日的发盘。请问:我方的接受能否使合同成立? 为什么?

4. 交易磋商综合实例分析。

贸易背景:中国纺织品进出口公司接新加坡贸易公司来电,要求建立贸易关系,表示对中国产的漂布非常感兴趣。中国纺织品公司委托中国银行在新加坡分支机构对新加坡的该公司进行资信调查,结果可靠。2007 年 10 月 10 日,中方公司电邮告诉买方,介绍福牌中国产漂布(货号 1234),规格为:长 42 码,幅阔 35/36 英寸;净重 58 千克,毛重 61 千克等。同时附参考样品一块和销售确认书空白格式一份,其背面列有"一般交易条件"。

(1) October 13, 2007 Singapore

Yours letter 10/10 received please offer firm 1234.

(2) October 14，2007 Shanghai

Yours 13/10 offer firm subject reply here seventeenth 1234 100 000 yards cloth bales USD 1.40 per yard CIF Singapore shipment March 2008 irrevocable sight credit.

(3) October 15，2007 Singapore

Yours 14/10 150 000 yards January USD 1.20 CIFC3 D/P sight please reply Eighteenth.

(4) October 17，2007 Shanghai

Yours 15/10 orders congested can only supply 120 000 yards February USD 1.40 USD CIFC2 irrevocable sight credit reply here nineteenth.

(5) October 18，2007 Singapore

Yours 17/10 other source similar quality quoting 1.25 competition keen hence best 1.30 credit 60 days sight cable reply.

(6) October 19，2007 Shanghai

Yours 18/10 in view of initial transaction special consideration 1.35 credit 30 days reply here twentieth.

(7) October 20，2007 Singapore

Yours 19/10 accepted credit to be opened by ABC Co.

阅读以上案例回答以下问题：① 中方公司 10 月 14 日发盘的主要内容是什么？是否符合发盘的构成条件？② 双方反复磋商的关键点在哪里？③ 从这笔业务的发盘与还盘磋商过程,可以总结出哪些经验？

8

第八章　　　　　　　　　　合同的履行

学习目的

掌握进出口合同履行环节的操作规范

在进出口贸易中，买卖双方通过交易磋商达成协议后，按进出口贸易的习惯做法，大都需要签订一定格式的书面合同，以作为约束双方的法律依据。履行合同是合同当事人按照合同规定履行各自义务的行为。《中华人民共和国涉外经济合同法》第 16 条规定："合同依法成立，即具有法律约束力。当事人应当履行合同约定的义务，任何一方不得擅自变更或者解除合同。"如果一方当事人不是由于发生不可抗力事件或属于免责范围内的原因而不履行合同义务，或不按合同规定行事，即构成违约，就应根据不同情况和后果，承担相应的法律责任。

当今国际市场是一个竞争十分激烈的市场。从事出口商品生产和对外贸易经营的企业要想在这个市场上争得一席之地并求得发展，务必恪守质量第一、价格合理、交货及时、服务周到、信誉至上等要求，而信誉又是其中最为重要的。履行合同，不仅关系到企业和国家的经济利益和对外声望，而且还涉及法律责任，倘有违反，无论是我方还是对方都要根据不同的违约情况，承担不同的法律责任。因此，对于履行合同的工作，决不能轻视。

第一节　　出口合同的履行

我国的货物出口合同，多数由卖方安排运输和信用证支付方式。履行此类合同的程序，一般包括货(备货、报验)、证(催证、审证、改证)、运(托运、投保、报关、装运)、款(制单结汇)四个主要环节。这四个环节的工作之间有着紧密的不可分割的内在联系。因此，在进行每个环节的工作时，都必须同其他环节的工作相互配合，协调一致，防止货、证、运、款脱节和单、证不符等现象发生，影响及时履行合同和安全收汇。

出口合同履行的一般程序如图 8-1 所示。

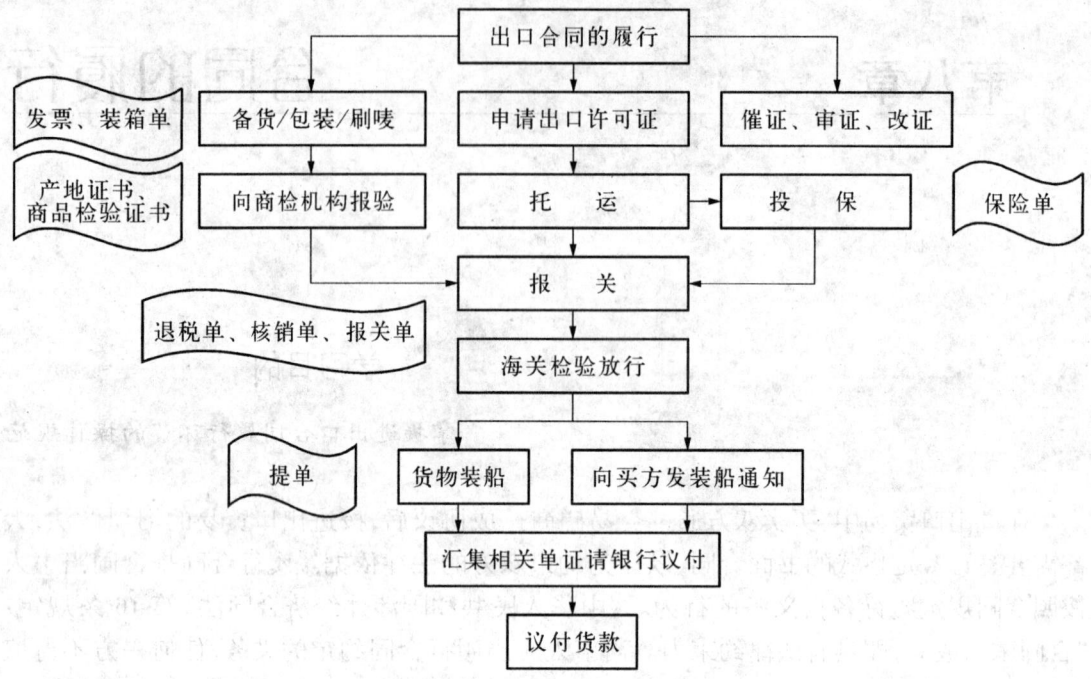

图 8-1 信用证支付方式 CIF 价的出口合同的履行程序

本章即以卖方安排运输和以信用证方式收取货款的出口合同为基础介绍合同履行的基本环节及其有关问题。采用其他交货和货款收付方式的合同,除某些细节有所差异外,基本做法大体相同。

一、备货与报验

为了保证按时、按质、按量交付约定的货物,在订立合同之后,卖方必须及时落实货源,备妥应交的货物,并做好出口货物的报验工作。

（一）备货

备货是指卖方根据出口合同的规定,按时、按质、按量准备好约定应交的货物以便及时装运。它是履行合同的首要环节。

备货工作的内容主要包括按合同和信用证的要求,落实生产加工或仓储部门,组织货源和催交货物,核实货物的加工、整理、包装和刷唛情况,对应交的货物进行验收和清点。在备货工作中,要注意以下几点:

（1）货物的品质必须与出口合同的规定相一致。凡凭规格等文字说明达成的合同,交付货物的品质必须与合同规定的规格等文字说明相符;凡凭样品或样式达成的合同,则必须与凭以达成交易的样品或样式相一致;既凭文字说明,又凭样品、样式达成的合同,则两者均须相符。此外,货物的品质还必须适合同一规格货物的通常用途以及在订立合同时买方通知卖方的特定用途。对此,决不能稍有疏忽。

(2) 货物的数量必须符合出口合同的规定。必须按约定数量备货,而且应留有余地,以备必要时作为调换之用。如约定可以溢短装百分之多少时,则应考虑满足溢装部分的需要;如为"约"量,应不超过双方形成的习惯幅度;如以信用证方式结算货款的,应按信用证规定;如信用证规定"约"量,按《跟单信用证统一惯例(UCP600)》,货物数量可有 10% 的增减幅度,但以不超过信用证允许的金额为限;如信用证未规定允许增减的幅度,也未使用"约"量,按惯例,在支取金额不超过信用证金额的条件下,即使不准分批装运,货物数量仍允许有 5% 的伸缩,但信用证规定货物数量按包装单位或个体计数时,此项伸缩则不适用。凡按重量计量而在合同或信用证中未规定按毛重还是净重计量者,按惯例应以净重计。

(3) 货物的包装必须符合合同规定和运输要求。如合同使用"习惯包装"、"适合海运包装"等笼统规定,则应按买卖双方形成的习惯、海运的要求和共同的理解办理;如合同对如何对货物进行包装未作具体规定,按《联合国国际货物销售合同公约》规定,应按照同类货物通用的方式装箱或包装;如没有此种通用方式,则应按照足以保全和保护货物的方式装箱或包装。为此,在备货过程中,对货物的内、外包装和装潢,均须认真进行核对和检查,如发现不符以上要求,应及时修整或调换,否则,将被认为违约,买方有权拒收货物、提出索赔。倘若包装不良或有破损情况未加整修或更换就交付装运,将在装运后取不到清洁单据而造成收汇困难。在包装的明显部位,应按约定的唛头式样刷制唛头,对包装上的其他各种标志是否符合要求,也应注意。

(4) 按合同规定的时间或期限交付货物也是卖方的重要义务,否则,按各国法律规定,买方也有权拒收货物和提出索赔。为此,货物备妥的时间必须严格按照出口合同和信用证规定的交货时间和期限,并结合船期安排,做好船货衔接工作。为防止意外,一般还应适当留有余地。凡合同规定收到买方信用证后若干天内交付货物的,为保证按时履约,防止被动,应督促买方按照合同规定期限开立信用证,卖方在收到信用证后必须无迟延地审核,认可后及时安排生产。

(5) 货物必须是第三方不能提出任何权利或请求的。卖方应保证对所售货物享有合法的完全的所有权,即卖方应有权出售该项货物,并保证买方能安宁地占有和支配该货物而不受任何第三方的侵扰。也就是说,卖方不能把非法侵占他人权利得来的货物出售给买方,以致使买方遭到该项货物的合法权利人(包括所有权和抵押权)的追索或指控。准备交付的货物还必须是第三方不能根据工业产权(商标、专利、实用新型的专有权)或其他知识产权(如著作权)主张任何权利或请求的。按照《联合国国际货物销售合同公约》规定,此项权利或请求以卖方在订立合同时已经知道或不可能不知道的权利或要求为限。此外,此项权利或要求的发生,是由于卖方要遵照买方所提供的技术图样、图案、程式或其他规格生产供应的,卖方可不承担上述义务。

(二) 报验

凡按约定条件和国家规定必须法定检验的出口商品,在备妥货物后,必须向商检机构申请检验,并取得检验合格证书,才能出口;凡出口合同或信用证中规定由商检机构出证的非法定检验商品,也须按规定向商检机构报验并取得符合合同和/或信用证规定的证书,方可凭以向买方收取货款;凡非法定检验商品,合同或信用证也未规定应由商检机构检验出证的,则应分别不同情况由有关机构检验或由生产、供货部门或外贸企业自行检验合格后报运出口;为出口危险货物生产包装容器的企业,必须向商检机构申请对包装容器的性能进行鉴定;生产出口危险货物的企业,必须向商检机构申请进行包装容器的使用鉴定。按《商检法》规定使用未经鉴定合格的包装容器的危险货物不准出口。应当注意的是,不同种类的商品,其检验证书的有效期各不相同,超过有效期的,须重新报验,并获得合格证书后,方可出口。

申请报验时,应填制出口报验申请单,向商检局办理申请报验手续,该申请单的内容一般包括品名、规格、数量或重量、包装、产地等项,在提交申请单时,应随附合同和信用证副本等有关文件,供商检局检验和发证时作参考。

检验证书(inspection certificate)是指出口商品经商检局检验后,出具的证明文件。凡属法定检验的或合同规定必须由商检局检验出证的货物,在报关时必须出具检验证书,海关才予以放行。常见的检验证书有:品质、数量、重量、卫生、兽医、植物检疫、消毒、温度、熏蒸等。

当货物经检验合格,商检局发给检验合格证书后,外贸公司应在检验证规定的有效期内将货物装运出口。如在规定的有效期内不能装运出口,应向商检局申请展期,并由商检局进行复验,复验合格后,才准予出口。

二、催证、审证和改证

在履行凭信用证付款的出口合同时,应注意做好催证、审证和改证工作。

(一)催证

催证是指卖方以一定的通讯方式敦促买方按时开出信用证,以便及时履行交货义务的一种行为。

在按信用证付款条件成交时,买方按约定时间开证是卖方履行合同的前提条件,尤其是大宗交易或按买方要求而特制的商品交易,买方及时开证更为必要;否则,卖方无法安排生产和组织货源。在我国出口贸易中,国外客户由于资金短缺或市场变化等原因,故意拖延开证或付款的情形经常发生。为此,凡按信用证方式收取货款的合同,如对方在接近或已超过合同规定期限仍未开立信用证,需要提前交货时,也可洽请对方提前开证。卖方应结合备货情况做好催证工作,及时提请对方按约定时间办理开证手续,以利合同的履行。

(二)审证

审证是指卖方应根据《跟单信用证统一惯例(UCP600)》,对照合同,对买方开来的信用证进行认真审查核对。

就法律责任而言,买方申请开立的信用证条款必须与合同内容相一致,在未征得卖方同意前,不得随意改变。但是在出口贸易实务中,由于国外客户或开证银行的疏忽和差错,或者由于某些国家对开立信用证有特殊规定,或者因为客户对我国政策不了解,也有个别商人为了攫取额外利益,在申请开证时故设陷阱,以致经常出现信用证内容与合同规定不符以及与我国政策相悖的条款。因此,必须认真做好对来证的审核工作,维护卖方的利益,确保收汇安全和合同的顺利履行。

审核信用证的工作是银行与外贸企业的共同责任。由于银行与外贸企业的分工不同,审核内容各有侧重。银行着重审核有关开证行资信、所承担的责任以及收汇路线等方面的条款和问题;外贸企业着重审核信用证的内容是否与出口合同相一致和如有不一致的内容卖方能否接受照办。凡属于品质、数量、包装、金额、贸易术语、交货期、交货或装卸地点(港口)等交易条件的不符,原因在买方而卖方又不能接受或难以照办时,应即要求开证人进行修改,有时由于船期、舱位等交通工具方面的原因或备货过程中发生问题不能按期装运,虽责任在卖方,也应及时商请买方改证;对于开证行资信不佳或收汇路线方面的问题,除由通知行自行联系开证行解决外,通常也按照银行审核后的意见,由外贸企业提请国外客户改正或转请开证行另请其他可靠银行加保兑。不论责任属于何方,凡是要求修改信用证的,都应在收到开证行的修改通知书并认可后,才能发运交货。

信用证的审核(包括对修改通知书内容的审核)是保证严格履行合同和安全收汇的重要前提。审核信用证的要点包括以下几个方面。

1.开证行和保兑行

开证行和保兑行的政治背景、资金情况和经营作风不仅与卖方安全收汇有密切的关系,而且也涉及政策问题。凡是政策规定我国不与之进行经济贸易往来的国家的银行开来的信用证,均应拒绝接受,并请客户另行委托其他卖方允许往来的银行开证。对于资信较差的开证行,可采取适当措施(如要求适当银行加保兑,加列电报索偿条款,分批出运,分批收汇),以保证卖方收汇安全。

2.信用证的性质

信用证的性质和开证行所承担的责任是否明确具体,直接关系到卖方出口货物能否安全收汇。来证必须是"不可撤销"的信用证。有的来证,虽然表明为"不可撤销",但是银行对其应负责任却加了一些限制和保留条件,如规定"须待进口许可证批准后另行通知方始生效"等,碰到这样的情况,应在具备相应条件或接到生效通知后方可办理装运货物的手续。

3.信用证金额与采用的货币

信用证金额与采用的货币必须与合同的货币、金额相一致。如果合同内订有商品数量的"溢短装"条款时,信用证金额也应规定相应的机动条款。

4.货物

来证中对有关品名、数量或重量、规格、包装和单价等项内容的记载,是否与合同的规定相符,有无附加特殊条款;如发现信用证与合同规定不符,应酌情作出是否接受或修改的决策。

5.装运单据

对来证要求提供的单据种类份数及填制方法等,要仔细审查,如发现有不适当的规定和要求,应酌情作出适当处理。

6.装运期、信用证有效期和到期地点

按《跟单信用证统一惯例(UCP600)》规定,一切信用证均须规定一个有效期,即交单付款、承兑或议付的最迟日期。未规定有效期的信用证,不能使用。凡超过有效期提交的单据,开证银行有权拒绝接受。信用证的有效期还涉及到期地点,即以受益人最迟应向何地银行交单的日期为准。在何地到期应视信用证的具体规定而定,总的说来有规定在出口地、进口地和第三国到期三种方法,后两种方法,因寄单费时,且有延误的风险,卖方难以控制,收汇不安全,一般应提请修改。

信用证还应规定一个运输单据出单日期后必须向信用证指定的银行提交单据要求付款、承兑或议付的特定期限,即交单期。如信用证未规定交单期,按惯例,银行有权拒受迟于运输单据日期21天后提交的单据,但无论如何,单据也不得迟于信用证到期日提交。如信用证规定的交单期距交货期过近,如运输单据出单日期后2天或3天,则应提前交运货物,或要求开证人修改信用证推迟交单期限,以保证能在交付货物后如期向银行交单。

交货期是指卖方将货物装上运往目的地(港)的运输工具或交付给承运人的日期,也称装运期,事实上不同运输方式所使用的运输单据的出单日期所表示的交货期是不同的。例如,海运提单的出单日期是指货物装上船的日期,铁路运单、航空运单、邮包收据和国际多式联运单据的出单日期是指货物装上运输工具或承运人收到并接管货物的日期。交货期必须与合同规定一致,如来证太晚,无法按期装运,应及时申请国外买方延展装运期限。如信用证未规定交货期,按惯例,受益人所提交的运输单据的出单日期不得迟于信用证的到期日。

信用证的有效期与最迟交货期应有一定的间隔,以便交付货物后能有足够时间办理制单,交单议付等工作。在我国的出口贸易实务中,通常要求信用证的议付到期日规定在交货期限后15天。有时来证规定的最后交货期和议付到期日为同一天,或未规定交货期限,在实务中称作“双到期”。在这种情况下,应在信用证到期日前提早几天将货物装上运输工具或交给承运人,以便留出时间制备单据,向银行交单办理议付或支款手续。

7. 转运和分批装运

信用证的转运和分批装运条款必须与合同规定相符。按照《跟单信用证统一惯例(UCP600)》规定:信用证如未规定“不准分批装运”和“不准转运”,可以视为“允许分批装运”和“允许转运”。如果信用证规定在指定时期内分批装运,其中任何一期未按规定装运,信用证对该期和以后各期货物均告失效。

8. 其他特殊条款

审查来证中有无与合同规定不符的其他特殊条款,如发现有对卖方不利的附加特殊条款,一般不宜接受;如对卖方无不利之处,而且也能办到便可酌情灵活掌握。

(三)改证

在审查信用证时,如发现有卖方不能接受的条款时,应及时向开证人提出要求进行修改。修改信用证条款涉及有关当事人权利义务的改变,所以凡是对不可撤销信用证中任何条款的修改,都必须在有关当事人全部同意后才能办理。

在出口贸易实务中,如发现来证条款必须修改时,应由卖方向开证申请人提出,征得其同意后,由开证申请人通过开证行办理修改手续。修改通知书如同开立信用证一样,须通过通知行核实、转递,即由开证行航寄修改通知书或以电报、电传等电讯工具通知通知行,由通知行转交受益人,而不能由开证行直接通知或由买方直接寄给受益人。

修改信用证的要求,有时也由买方主动向开证行提出。对此,也须经开证行同意后,由开证行经通知行转知卖方,并经卖方同意接受后,方为有效。倘卖方拒绝接受,则此项修改不能成立,信用证仍以原条款为准。

在同一信用证上,如有多处需要修改的,原则上应一次提出。如果修改通知书涉及两项或两项以上的条款,按惯例,受益人只能全部接受或全部拒绝,不能接受其中一部分而拒绝另一部分。

三、托运、投保、报关和装运

（一）托运

按 CIF 或 CFR 条件达成的出口合同,租船、订舱工作概由卖方负责,除了数量较大需要整船运输的货物要办理租船外,一般都通过班轮运输,按装运货物的特性和数量订班轮舱位。订舱及装船的程序如下:

(1) 船公司每月编印出口船期表分发外贸企业,内列航线、船名、国籍、抵港日期、截止收单期(即接受运输委托的最后日期)、预计开始装船日期和挂港(即船舶停靠的港口),各外贸企业据此进行催证、备货。

(2) 外贸企业在备货齐全,并收到了开来的信用证经审核(或经修改)无误后,就可办理托运,即按信用证和合同内有关装运条款,以及货物名称、数量、装运港、装运日期等填写托运单,作为订舱依据,在截止收单期前送交船公司。

(3) 船公司在收到托运单后,根据配载原则、货物性质、货运数量、装运港、目的港等情况,结合船期,安排船只和舱位,签发装货单(shipping order),作为通知船方收货装运的凭证。

(4) 凡按 CIF 条件成交的出口货物,在装船前均须按照合同和信用证规定向中国人民保险公司办理投保手续。如属法定检验的商品,还须提供商品检验局签发的检验证书。海关在核对查验无误后,在装货单上签章放行,然后才能装船。

(5) 船公司根据船期往仓库提取货物送进码头,凭装货单将货装船。

(6) 货物装运出口前,必须先向海关申报。申报时需缴验出口许可证、出口货物报关单等必要证件和单据。

(7) 货物装船完毕,由船长或大副签发大副收据(又称收货单,mate's receipt),载明收到货物的详细情况。托运人则凭大副收据向船公司或其代理人交付运费并换取提单。

(8) 货物装船后,应及时向买方发出装船通知,以便对方准备付款、赎单、办理进口报关和收货手续。如为 CFR、FOB 等由买方自办保险的合同,及时发出装船通知尤为重要。

（二）投保

凡按 CIF 条件成交的出口合同,在货物装船前,卖方应及时向中国人民保险公司办理投保手续。出口货物投保都是逐笔办理,投保人应填制投保单,将货物名称、保险金额、运输路线、运输工具、开航日期、投保险别等一一列明,为了简化投保手续,也可利用出口货物明细单或货物出运分析单来代替投保单,保险公司接受投保后,即向卖方签发保险单或保险凭证。

（三）报关

出口货物在装船出运之前，需向海关办理报关手续，也称清关或通关。出口货物办理报关时必须填写出口货物报关单，必要时还需要提供出口合同副本、发票、装箱单、重量单、商品检验证书以及其他有关证件，海关查验有关单据后，即在装货单上盖章放行，凭此装船出口。

（四）装运

在 CIF 合同下，采用集装箱班轮运输的情况下，承运船舶抵港前，卖方或其货运代理应该根据港区所做的进栈计划，将经出关清关并由海关加上封志(seal)的集装箱存放于港区指定堆场。港区外轮依主场站收据副本(大副联)进行理货配载。船舶抵港由港区向托运人签收交纳出口货物港务费申请书后，办理装船。装船结束，由船长或大副在场站收据(正本)上签署，表明货物已收妥。卖方或货运代理凭该单据向船公司或其代理换取已装船提单。

在 CIP 合同下，按照国际惯例以及我国出口贸易实务中的习惯做法，卖方于货物装运（装船）后，应该向买方以电讯方式及时发出装运通知或装船通知，以便买方为收取货物事先采取必要的措施。

四、制单结汇

采用信用证方式的主要特点之一就是凭单付款。因此，出口货物发运后，应即按照信用证的规定，正确制备各种单据，并在信用证有效期和交单期内送交银行办理议付结汇。制单时要注意各种单据应与信用证规定相符，做到单、证一致和单、单一致，以利及时、安全收汇。

（一）我国出口结汇的具体做法

卖方制作完了全部单据后，在信用证的有效期内，将全套单据交给议付行办理议付和结汇手续。结汇是指议付行接到单据审核无误后，将卖方所得的外汇货款，按结汇日的外汇牌价兑换成人民币，存入卖方的账户。具体的结汇方式有收妥结汇、定期结汇和出口押汇。

1. 收妥结汇

收妥结汇又称先收后结，是指议付行经收到卖方递交的全套单据，认定单、证一致后，将单据寄交给国外的开证行或付款行索要货款，在收到对方的付款后，即按当日外汇牌价，将货款兑换成人民币，存入卖方账户。

在收妥结汇方式下，议付行不需要垫付资金，不承担风险，但卖方收汇较慢。

2. 定期结汇

定期结汇是指议付行根据向国外付款行索汇函电往返需要的时间，预先确定一个固定的结汇期限（如银行审单认可后 7 天或 14 天不等），到期不管是否收到货款，都会主动将货款兑换成人民币存入卖方账户。

3. 出口押汇

出口押汇又称买单结汇，即国际上银行界通常采用的"议付"做法，是指议付行审核卖方的单据无误后,按信用证的条款买入信用证受益人(卖方)的全套单据和汇票,按照票面金额扣除手续费和从议付日到估计收到票款之日的利息,将余款按议付日外汇牌价折成人民币,付给受益人。议付行买入跟单汇票后,就成为汇票的善意持有人,即可凭汇票向信用证指定的国外付款行或偿付行索取票款。

这种结汇方式是出口地银行对外贸企业的资金融通,银行承担了一定的风险,但卖方得到了资金的融通,有利于资金的周转,扩大出口业务。

(二)对出口单据的要求

现代进出口贸易,大部分采取象征性交货方式,凭单交货、凭单付款是其主要特征。因此,在出口贸易实务中,做好单据工作,对安全及时收汇有特别重要的意义。在信用证业务中,由于银行只凭信用证、不管合同,只凭单据、不问货物,对单据的要求就更高了。

总的说来,对于出口单据,应该做到正确、完整、及时、简明、整洁的要求。

(1)正确。制作单据必须正确,才能保证安全和及时收汇。在信用证方式下,要做到单、证一致和单、单一致,即单据与信用证一致、单据与单据一致,各单据的内容不能相互矛盾。此外,还应注意单据与货物的实际情况一致。

(2)完整。必须按合同和信用证的规定提供各种单据。单据的种类、每一种单据的份数和本身的必要项目内容都必须完整,不能短缺或漏列。

(3)及时。制作单据必须及时,在信用证的有效期和交单期内送交银行办理议付结汇手续,争取尽早收汇。

(4)简明。单据内容应按信用证规定和国际贸易惯例填制,力求简明,切勿加列不必要内容,以免弄巧成拙。

(5)整洁。单据布局要美观、大方,缮写或打印的字迹要清楚,表面要洁净,更改的地方要加盖校对章,文字要注意规范化,有些重要单据,如提单、汇票等的金额、数量、件数、重量等主要项目,一般不宜更改。

(三)常用的出口单据和凭证

出口单据的种类很多,究竟需用哪些单据,其内容、份数和制作方法,视不同的交易和信用证规定而定。以下是几种常用的出口单据及其使用和制作时应注意的一些问题。

1. 汇票

严格来说,汇票不是单据,而是一种票据,同时又是一种可以作为流通证券(negotiable instrument)使用的收款凭证。在出口贸易中,通常使用的是随附单据的跟单汇票。由于在出口贸易实务中,凡提到单、证一致和单、单一致时,均把汇票当作单据的一部分,所以就这个意义上说,汇票也是一种单据。

缮制时须注意以下几个问题:

(1)汇票必须列明出票根据,在信用证方式下,还应说明是根据哪家银行在何日开立的哪一份信用证出具的,或按照来证规定文句填写。采用托收方式时,则应注明有关销售合同号码。

(2)付款人的名称应视不同情况正确填写。在信用证方式下,应按信用证规定,付款人的名称有开证行、代付行或买方。如信用证未具体规定付款人名称,则可以开证行作为付款人。在托收方式时,付款人的名称一般应为国外买方。

(3)受款人应为银行。信用证方式下的汇票受款人通常应为议付行,托收方式下的受款人应为托收行。在我出口贸易实务中,不论是信用证方式还是托收方式,在填写受款人时,一般采用指示性的抬头。

汇票一般开具一式两份,两份具有同等效力,任何一份付讫,另一份即自动失效。汇票所以要开具一式两份,是为了便于议付行分两次向开证行或指定付款行邮寄汇票和所附单据,以防止邮寄遗失。因此,所有单据都不能少于两份。

2. 发票

发票又称商业发票(commercial invoice),是卖方开立的凭以向买方收款的发货价目清单,是供买卖双方凭以发货、收货、记账、收付货款和报关纳税的依据。在即期信用证或即期托收业务中不要求提供汇票的情况下,发票还可代替汇票作为收款依据。在凭光票收款时,为明确交易细节,一般也需附上发票。总之,发票是各种单据的中心,所交货物的总说明,是卖方必须提供的主要单据之一。

发票的开票日期不要与运输单据的日期相距过远。其收货人(或称发票抬头人)一般为买卖合同的买方。在信用证方式下,除信用证另有规定外,一般为开证申请人。

货物的名称、规格、数量、单价、包装等项内容,必须与信用证要求完全相符,不能有任何遗漏或改动。发票上的唛头、件号、毛净重等应与运输单据和其他单据所表示的一致。如要求将运费分别列明,则还应与实际运费相符。

发票的份数一般较多。正本不少于四份,其中两份随同提单等其他单据交银行议付款或托收,另外两份则连同提单副本寄给买方,以便对方做好付款赎单和收货准备。此外,还须准备副本多份,除供卖方本身留底备查,以及在出口地报关时需用外,买方或中间商也常要求增加提供份数,以供其记账、存查等所需。

3. 运输单据

运输单据随不同的运输方式而各异。运输单据必须由承运人或其代理人签发,并分别情况注明货物已装船或已收妥待运或已经接受监管。

由于提单是代表货物所有权的凭证,因而也是卖方提供各项单据中最重要的单据,所以在制作提单时必须注意提单的各项内容(如提单的种类、收货人、货物的名称和件数、目的港、有关收取运费的记载、提单的份数等)一定要与信用证相符。

除发票外的包括提单在内的一切单据上的货物名称,均可以用概括性的商品统称,不必列出详细规格,但不能与来证规定的货物特征相抵触。

提单的运费项目,在 CIF、CFR、CPT、CIP 条件下,应注明"运费已付"(freight prepaid);在 FOB、FCA 条件下,则应注明"运费到付"(freight to collect)。除信用证另有规定,不必列出运费具体金额。

值得注意的是,铁路运单、航空运单和邮包收据与海运提单不同。它们只是承运人出立的货物收据,是承运人与托运人订立的运输合同的书面证明,但不是物权凭证,因此不能经背书转让。提货也不以交出运单为条件,而是由承运人直接通知收货人,由收货人在到货通知上签字证明收妥即可。所以,卖方在发货后,即使掌握单据,也无法控制货物。

为此,银行在开立信用证时,通常要求以其本身或本身的分行或代理行作为运单的收货人。

航空运单和邮包收据与铁路运单相似,货抵目的地后,收货人凭承运人的到货通知提取货物。由于航空运输到达的时间快捷,有关单证均要求随机附去,以便收货人及时办理进口手续。

4. 保险单据

保险单据是保险人(即保险公司)与被保险人(即投保人,一般为买卖双方)之间订立的保险合同。当被保险货物遭受保险合同责任范围以内的损失时,保险单据是被保险人索赔、保险人理赔的依据。在 CIF、CIP 合同中,卖方在向银行或买方收款时,提交符合销售合同及/或信用证规定的保险单据是其必不可少的义务。

在进出口贸易中,货物运输保险单据如同海运提单一样,也可由被保险人背书随物权的转移而转让。

5. 产地证明书

产地证明书(certificate of origin)是一种证明货物原产地或制造地的证件,主要用途是提供给进口国海关凭以确定货物的生产国别从而核定进口货物应征收的税率。有的国家限制从某些国家或地区进口货物,也要求以产地证来证明货物的来源。在我国,产地证由进出口商品检验局或中国国际贸易促进委员会签发。

6. 普惠制单据

普惠制(generalized system of preferences, GSP),是工业发达国家对来自发展中国家的某些产品,特别是工业制成品和半制成品,给予的一种普遍的关税减免的优惠制度。对这些国家的出口货物,须提供普惠制单据,作为进口国海关减免关税的依据。

目前使用的普惠制单据有:

(1)格式 A 产地证(GSP certificate of origin form A),适用于一般商品,由卖方填制,商品检验局签发。填写时,除应按不同商品正确填列税则号外,如全部由我国生产制造的,即写明"本国产品",如其中有部分进口原料,则应按给惠国规定的比率确定可否将我国作为原产地。

(2)纺织品产地证(certificate of original textile products),适用于纺织品类商品,由商品检验局签发。

(3)纺织品出口许可证(export licence textile products),适用于进口国实施配额限制的纺织品,由出口地外贸主管部门签发。

(4)手工制纺织品产地证(certificate in regard to handlooms, textile handcrafts and traditional textile products of the cottage industry),适用于手工制品纺织品类,由中国进出口商品检验局签发。

(5)纺织品装船证明(shipment certificate textile products),适用于无配额限制的毛呢产品,由出口地外贸主管部门签发。

对普惠制单据,在填制时要力求正确,并符合各个项目的要求,否则,就有可能丧失享受普惠制待遇。

7. 检验证书

检验证书用以分别证明货物的品质、数量、重量和卫生条件,这类证书一般由国家指定的相应的检验机构出具,也可以分别不同情况,由中国国际贸易促进委员会或外贸企业或生产厂出具,证件的名称往往视检验的内容而定。但应注意证件名称及所列项目和检验结果应与出口合同和信用证规定相符。

8. 装箱单和重量单

装箱单(packing list)和重量单(weight memo)是商业发票的补充单据。装箱单主要用于工业产品,对每件包装内的货物名称、规格、花色等逐一作详细说明,以便进口地的海关检验,也便于买方核对、使用和销售。装箱单又名规格明细单(specification list)或详细包装单(detailed packing list)。若是以重量计价的初级产品,则多采用重量单,载明每件商品的重量,有的还分别列明每件商品的毛、净重。其作用与装箱单同。

9. 海关发票

有些国家规定,进口货物报关时,需提交由卖方填制的海关发票(customs invoice)。各国海关发票各有专用的固定格式,互相不能替代,其主要目的是作为估价定税、征收差别关税或反倾销税的依据,也供编制统计资料用。

10. 联合单据

为简化手续,我国内地外贸企业对港澳等地区的部分交易采用联合单据(combined form),将发票、保险单、装箱单、重量单和产地证明书等内容合并在一张单据上。对此,国外许多银行认为,这种单据不符合商业习惯,拒绝接受。因此,只能有限地使用,不宜推广。

在出口贸易实务中,由于船只误期、航程改变、意外事故、差错疏忽等主观或客观原因,以致发生单、证不符的情况,是难以完全避免的。外贸企业除了应尽快更正单据,使之符合信用证条款的规定,保证安全收汇外,倘若确实无法更改,则可根据具体情况,出具保证函给议付行要求"凭保议付",声明如国外开证行拒付,由受益人自行负责,如单、证不符情况较为复杂,可请议付行电告开证行,征得开证行同意后议付;或改用托收方式。必须注意,这些办法已失去信用证的银行付款保证,对卖方是非常不利的,除非万不得已,不宜轻易使用。

单据经议付行寄出后,经开证行发现单、证不符而提出拒付时,如属卖方责任,就应抓紧与买方联系,争取通过友好协商方式求得合理解决;同时还要准备其他措施(如转售、运回转内销等),以防造成更大损失。

如上所述,在信用证支付条件下,受益人(卖方)为了安全收汇必须做到单、证一致和单、单一致。但不能疏忽的是,卖方还承担着合同中规定的义务,所以,卖方在履行合同时除了要做到单、证一致和单、单一致外,还必须做到交付的货物与合同的规定一致,货物和单据一致。这样环环扣紧,既可保证安全收汇,又可避免买方收到货物后提出异议或索赔。

履行凭信用证付款的CIF出口合同时,货、证、运、款四个基本环节是不可缺少的,但是,在履行按其他付款方式或其他贸易术语成交的出口合同时,其工作环节则有所不同。

例如,在采用汇付或托收的情况下,就没有卖方催证、审证和改证的工作环节;在履行 CFR 出口合同时,就没有卖方负责投保的工作;在履行 FOB 出口合同时,卖方既无负担租船订舱的任务,也无投保货物运输险的责任。由此可见,履行出口合同的环节和工作内容,主要取决于合同的类别及其所采用的支付方式。

五、违约与对违约的处理

在履行出口合同的全过程中,倘买卖双方各自严格履行合同规定的义务,一笔国际货物买卖就得以圆满地实现。但是,在出口贸易实务中,有时难免会发生当事人一方不履行或不完全履行合同义务而导致另一方受到损害的情形。此时受损害一方有权按照惯例和法律采取一定的措施,使自己的损害得到补偿。

按国际贸易惯例和一般法律规则,由于卖方交货的品质、数量、包装不符合约定的条件,或卖方未按时装运,致使对方蒙受损失而向卖方提出索赔时,卖方应在调查研究的基础上,查明事实,分清责任,根据违约的情况和程度,酌情作出适当的处理,如确属卖方责任,卖方应实事求是地予以赔偿,如属买方不合理的要求,卖方必须以理拒赔。买方可以采取的办法有:向卖方要求损害赔偿、推迟履行、减低价格、交付替代货物、修理或宣告合同无效等。

在履行出口合同过程中,如因国外买方未按时开证或未按合同规定履行义务,致使卖方遭受损失,或由于买方不支付货款、不接收货物或不完全按照合同的规定支付货款、接收货物,卖方应根据不同对象、不同情况及损失程度,有理有据地及时向买方要求损害赔偿、推迟履行或宣告合同无效,以维护卖方的正当权益。

必须指出的是:当一方违反合同而采取任何一种处理办法时,都不影响受害方要求损害赔偿的权利。损害赔偿额应与受害方所遭受的包括利润在内的损失额相等,但以可预料到的合理损失为限,而由于受害方未采取合理措施使有可能减轻而未减轻的损失,应在赔偿金额中扣除。

第二节　进口合同的履行

我国进口货物,大多数是按 FOB 条件并采用信用证付款方式成交,按此条件签订的进口合同,其履行的一般程序包括:开立信用证,租船订舱,办理货运保险,审单付款,报关提货,验收和拨交货物,办理索赔等。

一、开立信用证

在信用证支付方式下,买方申请开立信用证是履行合同的前提条件,因此,进口合同签订后,买方应按合同规定向银行交付一定比例的人民币押金,或适当的担保文件,申请办理开证手续。

信用证的种类和开证时间,均应按合同规定办理。如合同规定在卖方确定交货期后开证,买方应在接到卖方通知后再行开证;如合同规定在卖方领到出口许可证或支付履约保证金后开证,应在收到对方已领到许可证的通知,必要时并获得适当证明,或收到保证金后开证。

卖方收到信用证后,如要求展延装运期和信用证有效期或变更装运港等,若买方同意卖方的请求,即可向银行办理改证手续。

除信用证支付方式外,进口业务还有使用汇付、托收以两种或两种以上支付方式结合使用的。如使用汇付方式,买方应在合同规定的时间内,按合同规定,以信汇、电汇或票汇方式将货款汇付卖方;如使用托收方式,则应根据合同规定,以付款交单或以承兑交单(到期付款)方式付款和取得货运单据;如使用汇付和银行保函相结合的方式,或使用预支信用证和银行保函相结合的方式,或使用信用证、托收和银行保函三者结合的付款方式的,买方应按合同规定,在取得银行保函的同时或以后,向卖方汇付货款或开立信用证。

二、租船订舱

FOB 条件签订进口合同时,应由买方安排船舶,如买方自己没有船舶,则应负责租船订舱或委托租船代理办理租船订舱手续,当办妥租船订舱手续后,应及时将船名及船期通知卖方,以便卖方备货装船,避免出现船等货的情况。

买方备妥船舶后,应做好催装工作,随时掌握卖方备货情况和船舶动态,催促卖方做好装船准备工作。对于数量大或重要的进口货物,必要时,可请买方驻外机构就地协助了解和督促对方履约,或派员前往出口地点检验监督,以利接运工作的顺利进行。

三、办理货运保险

凡由买方办理信用证的进口货物,当接到卖方的装运通知后,应及时将船名、提单号、开航日期、装运港、目的港以及货物的名称和数量等内容通知保险公司,办理投保手续,保险公司即按保险合同的规定对货物负自动承保的责任。

四、审单付款

货物装船后,卖方即凭提单等有关单据向当地银行议付货款,当议付行寄来单据后,经银行审核无误即通知买方付款赎单。如经银行配合审单发现单、证不符或单、单不符,应分别看情况进行处理。处理办法很多,例如,拒付货款;相符部分付款,不符部分拒付;货到检验合格后再付款;凭卖方或议付行出具担保付款,在付款的同时提出保留索赔权。

五、报关提货

买方付款赎单后,一旦货物运抵目的港,即应及时向海关办理申报手续。经海关查验有关单据、证件和货物,并在提单上签章放行后,即可凭以提货。

六、验收和拨交货物

凡属进口的货物,都应认真验收,如发现品质、数量、包装有问题应及时取得有效的检验证明,以便向有关责任方提出索赔或采取其他救济措施。

对于法定检验的进口货物,必须向卸货地或到达地的商检机构报验。未经检验的货物,不准销售和使用。为了在规定时效内对外提出索赔,凡属下列情况的货物,均应在卸货港口就地报验:

(1) 合同订明须在卸货港检验的货物。

(2) 货到检验合格后付款的。

(3) 合同规定的索赔期限很短的货物。

(4) 卸货时已发现残损、短少或有异状的货物。

如无上述情况,而用货单位不在港口的,可将货物转运至用货单位所在地,由其自选验收,验收中如发现问题,应及时请当地商检机构出具检验证明,以便在索赔有效期内对外提出索赔。

货物进口后,应及时向用货单位办理拨交手续,如用货单位在卸货港所在地,则就近拨交货物;如用货单位不在卸货地区,则委托货运代理转运货物,并拨交给用货单位,在货物拨交后,外贸公司再与用货单位进行结算。

在履行凭信用证付款的FOB进口合同时,上述六项基本环节是不可缺少的,但是在履行凭其他付款方式和其他贸易术语成交的进口合同时,则其工作环节有别。例如,在采用汇付或托收的情况下,就不存在买方开证的工作环节;在履行CFR进口合同时,买方则不负责租船订舱,此项工作由卖方办理;在履行CIP进口合同时,买方不仅不承担货物从装运港到目的港的运输任务,而且不负责办理货运投保手续,此项工作由卖方按约定条件代为办理。这就表明,履行进口合同的环节和工作内容,主要取决于合同的类别及其所采取的支付条件。

此外,在履行进口合同过程中,往往因卖方未按期交货或货到后发现品质、数量和包装等方面有问题,致使买方遭受损失,而需向有关方面提出索赔。进口索赔事件虽不是每笔交易一定发生,但为了维护买方的利益,买方对此项工作应当常备不懈,随时注意一旦出现卖方违约或发生货运事故,应切实做好进口索赔工作,为此,应注意下列事项:在查明原因、分清责任的基础上确定索赔对象,根据事故性质和致损原因的不同,向责任方提出索赔。例如,凡属原装短少和品质、规格与合同不符,应向卖方提出索赔;货物数量少于提单所载数量,或在签发清洁提单情况下货物出现残损短缺,则应向承运人索赔;由于自然灾害、意外事故而使货物遭受承保险别范围内的损失,则应向保险公司索赔。

七、办理索赔

在进口贸易实务中,有时会发生由于买卖双方中的一方不履行合同或不完全履行合同使另一方遭受损失而引起向违约方提出索赔,或由于在装运过程中货物的品质、数量、包装受到损害而向有关责任方提出索赔的情况。

(一) 区别情况向责任方索赔

1. 向卖方索赔

如果卖方没有按照合同规定的品质、数量、包装、时间、地点交货等,除不可抗力原因外,都构成卖方违约,卖方就要承担法律责任。如前所述,不同的违约情况承担不同的法律责任,不同国家的法律和国际条约也有不同规定。据此,如果发现交货数量短少属于原装数量不足,货物的品质、规格不符合合同规定,包装不良致使货物受损,拒不交货或未按期交货等,均应由卖方负责,买方可以根据卖方违约所造成的结果,区别情况,依法做好索赔(包括取消合同并提出索赔)工作,以免受到损失。

2. 向承运人索赔

根据《1990 年国际贸易术语解释通则》解释,承运人是指在运输合同中承担履行铁路、公路、海洋、航空、内河运输或多式联运,或承担履行上述运输的任何人。但对于使用不同术语、不同运输方式的交易,承运人又不尽相同。在进口贸易实务中,凡到货数量少于运输单据所载数量,运输单据是清洁的,而由于承运人的过失造成货物残损、遗失,应由承运人负责。买方可根据不同运输方式的有关规定,及时向承运人或其代理发出索赔通知。

3. 向保险公司索赔

属于自然灾害、意外事故、外来原因或运输装卸过程中其他事故致使货物受损,并且在承保险别范围以内的,应及时向保险公司索赔。即使属于承运人的过失造成货物残损、遗失,而承运人不予赔偿或赔偿金额不足抵补损失的,只要属于保险公司承保范围以内的,也应及时向保险公司提出索赔。

(二)进口索赔应注意的问题

1. 索赔证据

对外提出索赔需要提供足够的证据,其中以商品检验证书最为重要。此外,再根据不同情况随附其他凭证,如发票、装箱单、运输单据副本以及港务局理货员签证的理货报告及承运人签证的短卸或残损证明,必要时还可提供物证或实物照片等。

索赔时如证据不足、问题不清、责任不明或不符合合同中索赔条款规定,都可能遭到对方拒绝。如因卖方责任向卖方索赔,除必须情况确实、理由充分、要求适当、证据有力外,还要注意方式、方法。在问题未解决前,索赔的商品应当保持原状,有的还要拍照存查,以便必要时作举证之用。

2. 索赔金额

根据国际贸易惯例,买方向卖方索赔的金额,应与因卖方违约所造成的实际损失相等,即根据商品的价值和损失程度计算,还应包括支出的各种费用,如商品检验费、装卸费、银行手续费、清关费用、税捐、仓租、利息等,合理的预期利润也应计入索赔金额。向承运人和保险公司索赔的金额,须根据规定按特定方法计算。

3. 索赔期限

在合同内一般都规定了索赔期限。向责任方提出索赔,应在规定的期限内提出。逾期索赔,责任方有权不受理。如因商检工作确有困难,可能需要较长时间的,可在合同规定的索赔有效期限之内向对方要求延长索赔期限,但也不宜过长,或在合同规定索赔有效期限内向对方提出保留索赔权。

按《联合国国际货物销售合同公约》规定,如买卖合同中没有规定索赔期限,而到货检验中又不易发现货物的缺陷的,则买方行使索赔权的最长期限是自实际收到货物起不超过两年。

向船公司索赔期限为货物到达目的港交货后一年之内,向保险公司提出。海运货损索赔的期限则为被保险货物在卸载港全部卸离海轮后两年内。

4. 买方责任

凡是货物的风险由卖方转移到买方时所存在的任何不符合合同的情形,卖方都负有责任,买方应以事实为依据向卖方要求赔偿。但是在卖方同意赔偿前,买方必须保持货物的原状并妥为保管。根据国际贸易惯例,如果买方不可能按实际收到货物的原状归还货物,他就丧失宣告合同无效或要求卖方交付替代货物的权利,还必须按情况采取合理措施,以保全货物。

5. 卖方违约的补救

如卖方未按合同规定交付货物或卖方所交货物的品质、数量、包装不符合合同规定,卖方应根据不同的违约情况,承担不同的法律责任。除买方表示拒收货物并要求损害赔偿或只要求损害赔偿外,买方还可以要求卖方采取补救办法。例如,货物不符合合同已构成根本违反合同,买方可以要求卖方交付替代货物。除此之外,买方可以要求卖方对货物进行修理,可以要求减低价格,还可以规定一段合理的额外时限,让卖方继续履行其义务。至于究竟采用哪一种方法,由买卖双方根据具体情况协商决定。

总之,进口索赔是一项非常复杂和艰巨的工作,因此,要做好进口索赔工作,不仅要有维护国家和企业权益的高度责任心,要熟悉国际惯例和有关的法律规定,还需要许多相关部门的密切合作。在索赔工作中,一定要责任明确、证据确凿、单证齐全、要求合理。

本章小结

　　"重合同,守信用"是履行合同的重要原则。为了切实履行出口合同,卖方应抓好货、证、运、款四个环节。在履行进口合同时,买方应按约定条件及时开出信用证,并做好报关和提货工作,如发现到货质量、数量和包装等方面有问题,应分清责任及时向有关责任方提出索赔。

练习题

[识记　填空]

1. 催证是指_____以一定的通讯方式敦促_____按时开出信用证,以便及时履行交货义务的一种行为。

2. 货物装船完毕,由船长或大副签发_____。

3. 我国出口结汇的具体做法有_____、_____和_____。

4. 对出口单据的要求是_____、_____、_____和_____。

5. 在整套单据中，_____是各种单据的中心，是所交货物的总说明。

[是非　判断]

1. 凡按重量计量而在合同或信用证中未规定按毛重还是净重计量者，按惯例应以净重计。（　　）

2. 审核信用证的工作是银行与外贸企业的共同责任，二者的审核内容相同。（　　）

3. 出口押汇与收妥结汇方式相比较，后者更有利于出口方资金的周转。（　　）

4. 信用证项下所有单据都不能少于2份。（　　）

5. 运输单据是代表货物所有权的凭证，因而可以背书转让。（　　）

[选择　理解]

1. 审核信用证的依据是（　　）

A. 合同　　　　　　B. 单据　　　　　　C. 开证申请书　　　　D. 汇票

2. 出口报关的时间应该是（　　）

A. 备货前　　　　　B. 装船前　　　　　C. 装船后　　　　　　D. 货到目的港后

3. 如信用证只规定了议付有效期，而未规定装运期，则（　　）

A. 最迟装运期与信用证有效期相同　　　B. 信用证必须经过修改才能使用

C. 装运期为有效期前一个月　　　　　　D. 由卖方决定

4. 信用证修改通知书的内容在两项以上，受益人（　　）

A. 可选择接受　　　　　　　　　　B. 只能部分接受

C. 必须全部接受　　　　　　　　　　D. 必须全部接受或全部拒绝

5. 审核单据的依据是（　　）

A. 开证申请书　　　B. 合同　　　　　　C. 汇票　　　　　　　D. 信用证

[实训　提高]

1. 我某进出口公司与国外某客商定立一份出口合同，合同规定以不可撤销即期信用证为付款方式。买方在合同规定的开证时间内将信用证开抵通知行，并经通知行转交给我出口公司。我出口公司审核后发现，信用证上有关信用证到期地点的规定与双方协商的不一致。为争取时间，尽快将信用证修改完毕，以便办理货物的装运，我方立即电告开证行修改信用证，并要求开证行修改完后，直接将信用证修改通知书寄交我方。我方的做法可能会产生什么后果？正确的信用证修改渠道是怎样的？

2. 我某进出口公司与欧洲某客户达成一笔圣诞节应季礼品的出口交易。合同中规定，以CIF为交货条件，交货期为2000年12月1日前，但合同中未对买方的开证时间予以规定。卖方于2000年11月上旬开始向买方催开信用证，经多次催证，买方于11月25日将信用证开抵我方，由于收到信用证的时间较晚，使我方于12月5日才将货物装运完毕，当我方向银行提交意气时，遭到银行以单证不符为由拒付。银行的拒付是否有理？此案例中，我方有哪些失误？

3. 我方凭即期不可撤销信用证出口马达一批，合同规定的装运期为2001年8月份。签约后，对方及时开来信用证，我方则根据信用证的要求及时将货物装运出口。但在制作单据时，制单员将商业发票上的商品名称依信用证的规定缮制为："MACHINERY AND

MILL WORKS，MOTORS"，而海运提单上仅填该商品的统称："MOTORS"。付款行会不会以此为由拒付货款？为什么？

4. 我国 A 公司向加拿大 B 公司以 CIF 术语出口一批货物，合同规定 4 月份装运。B 公司于 4 月 10 日开来不可撤销信用证。此证规定按《跟单信用证统一惯例》办理。证内规定：装运期不得晚于 4 月 15 日。此时我方已来不及办理租船订舱，于是立即要求 B 公司将装期延至 5 月 15 日。随后 B 公司来电称：同意展延船期，有效期也顺延一个月。我 A 公司于 5 月 10 日装船，提单签发日 5 月 15 日，并于 5 月 14 日将全套符合信用证规定的单据交银行办理议付。试问：我国 A 公司能否顺利结汇？为什么？

9

第九章　　　　进出口贸易方式

学习目的

1. 重点掌握代理、包销的概念和优缺点
2. 了解寄售、拍卖、招标投标、加工贸易、对销贸易和期货贸易的概况

第一节　　经　　销

一、经销的概念

经销是指出口商通过与国外经销商定立书面经销协议建立一种长期稳定的购销关系，利用国外经销商的销售渠道在国外市场上推销自己的商品的一种方式。经销方式是出口商将产品卖给国外经销商，双方构成的是一种买卖关系，是由国外经销商自行销售商品，自负盈亏。

经销可以分为一般经销和独家经销。一般经销是指经销商享有经销权却不享有独家专营权，出口商在一定的地区和期限内可以确定多家经销商来经销同类的商品。独家经销(sole distribution)又称为包销(exclusive sales)，是指出口商通过协议把某一种商品或某一类商品在某一地区和期限内的经营权单独给予国外某个客户或公司的一种做法。也就是说，在约定的期限和地区内，出口商只能通过包销商出售指定商品，不得向其他商人发盘成交；而包销商也不得经营其他来源的同类商品。

二、包销协议

在包销方式下，双方需要订立包销协议，以确定出口商与包销商之间的权利与义务。包销协议一般包括下列主要内容：

（1）关于包销商专卖权给予的规定。在协议中首先要订明包销商的委任和包销权的授予，这是包销协议中最基本的一项内容。

（2）包销期限。在我国出口贸易实务中，包销期限通常规定为一年。

（3）包销地区。包销地区是指包销商行使经营权的地理范围。我国对外包销地区的约定方法主要有：约定一个国家或几个国家；约定某个国家中的某几个城市；约定某个国家的一个城市或地区。包销地区应根据包销商能力的大小来确定，包销商只能在约定的地区内经销其商品。

（4）包销商品的范围。包销协议一般限制包销商只能经营出口商供应的商品，不得经营来自其他方面的同类商品或竞争商品，以保证包销商投入主要精力，销售其包销的商品。

（5）包销的数量或金额。协议规定在一定期限内，包销商应约定最低购买经销的商品数量和金额。同时规定在不能完成或超额完成销售额时的处理办法。

（6）其他规定。有关包销商提供市场情报、宣传广告、出口商商标权与专利权保护等事项的规定。

三、包销方式的利弊

（一）包销方式的优点

包销作为扩大出口的手段有一定的优点，具体表现如下：

（1）包销商享有经营某种商品的专营权。这有利于调动其积极性，充分利用他的经营能力和销售渠道，扩大商品销售。

（2）可以避免国外客户在分散经营时可能发生的相互碰头、相互竞争的情况，从而有助于稳定出口商品的销售价格。

（3）有利于出口商有计划地安排出口商品的生产和组织出口货源，销售量也可以得到一定的保证。

（4）由于包销商应负责商品的宣传广告工作和定期报道当地市场情况，这既有利于出口商随时了解消费者的反应，改进产品质量，又有利于加强出口商品在海外市场上的竞争，巩固、发展国外市场和扩大销路。

（二）包销方式的缺点

包销方式也存在缺点，主要有以下两点：

（1）如果包销商资信不佳，在经销时同时经销其他企业的同类商品，使他无法专心经营约定商品和经营能力有限，就可能出现"包而不销"的情况，从而给出口商带来不利的影响。

（2）包销商有可能利用专营权，操纵价格、垄断市场，甚至对出口商供应的商品故意挑剔或进行压价。同时出口商因为有了包销商便失去了与其他客户的直接联系，对其开拓市场可能带来不利影响。

第二节　代　　理

一、代理的概念

进出口贸易中的代理（agency）是指委托人授权代理代表他向第三者招揽生意、签订合同或办理与交易有关的各项事宜。代理商根据推销商品的结果,收取佣金作为报酬,他和委托人的关系是委托代理关系。

二、代理的种类

在进出贸易中,代理根据委托授权的大小可以分为独家代理、一般代理和总代理三种类型。

(一)独家代理

独家代理(exclusive agency, sole agency)是指出口商授予国外代理商在约定的地区和一定的时期内独家推销指定商品的专营权利。代理商不得再代销其他来源的同类商品。凡是在规定地区和规定期限内做成该项商品的交易,除双方另有约定外,无论是由代理做成,还是由委托人直接同其他商人做成,代理商都有享受佣金的权利。在我国的出口贸易实务中,独家代理的期限一般为一年。

(二)一般代理

一般代理(common agency)又称佣金代理,是指在同一地区,同一时期内,委托人可以选定多个客户作为代理商,根据推销商品的实际金额付给佣金,或者根据协议规定的办法和百分率支付佣金。如果委托人直接与该地区的实际买主成交,则无需给一般代理商佣金。在我国的出口贸易实务中,运用此类代理商的较多。

(三)总代理

总代理(general agency)是在特定地区和一定时间内委托人的全权代表。除有权代表委托签订买卖合同、处理货物等商务活动外,也可以进行一些非商业性的活动,而且还有权指派分代理,并可享受代理的佣金。

三、代理协议

代理协议是明确委托人与代理商之间的权利与义务的法律文件,其内容主要包括:

(1)委托人与代理商的名称及地址等。

(2)代理商品的品名和规格等。

(3)指定的代理地区。

(4)代理的期限。

(5)代理商品的数量和金额。

(6)代理商品的作价办法。

(7)代理商的权利与义务。

(8)代理商的佣金率及支付办法等。

(9)代理协议有效期及中止条款。

(10)市场报道、广告宣传和商标保护。

(11)其他规定。

第三节　寄售、拍卖和招标投标

一、寄售

（一）寄售的概念

寄售（consignment）是指出口商先将待售商品运到国外，委托当地代销商按照寄售协议约定的条件和办法代为销售，在货物出售后，由代销商向货主结算货款的一种贸易方式。

（二）寄售的特点

（1）寄售是一种委托代售关系，寄售人是委托人，代销商是受托人。代销商只能根据寄售协议或寄售人的指示代为销售或处置货物，但他并不拥有货物所有权，货物出售之前的所有权属于寄售人。

（2）寄售是先出运，后成交的贸易方式，属于现货买卖。寄售是出口商先将货物运至国外，再由代销商向当地买主销售，是在国外市场推销现货，因而具有实物买卖的特点。

（3）货物风险和出口费用由寄售人承担。代销商仅收取代销佣金而不对交易的盈亏负责，对货物可能产生的费用风险也不承担责任。

二、拍卖

（一）拍卖的概念

拍卖（auction）是指由拍卖行组织的，按照特定的章程和规则，将卖方委托出售的货物公开展示，并在一定时间和地点由买主出价竞买的一种贸易方式。

国际市场上采用拍卖方式出售的商品，一般都是规格复杂，不易标准化，或难以久存的，或有拍卖习惯的商品，如羊毛、毛皮、茶叶、烟草、香料、蔬菜、水果、黄金、古玩、地毯和艺术品等。

（二）拍卖的特点

（1）拍卖是在一定的机构内有组织地进行的。

（2）拍卖具有自己独特的法律和规章。

（3）拍卖是一种公开竞买的现货交易。

（三）拍卖的形式

（1）买主叫价拍卖，也称增价拍卖或英格兰式拍卖，是由拍卖人宣布预定的最低价格后，由买主相继竞相加价，直至出价最高时，由拍卖人以击槌动作表示接受、宣告交易达成。这是最常用的一种拍卖方式。

（2）卖主叫价拍卖，也称减价拍卖或荷兰式拍卖，是由拍卖人先开出最高价格，然后由拍卖人逐渐减低叫价，直到有人表示接受而交易达成。

（3）招标式拍卖，也称密封递价拍卖，是由拍卖人事先公布每批商品的具体情况和拍卖条件，然后，竞买者在规定的时间将密封标书递交拍卖人，由拍卖人选择条件最合适的标书接受而达成交易。

三、招标和投标

（一）招标和投标的概念

招标(invitation to tender)是由招标人（买方）发出招标通告,说明需要采购的商品名称、规格、数量及有关的交易条件,邀请投标人（卖方）在规定的时间和地点投标,并与所提条件对招标人最为有利的投标人订约的一种行为。

投标(submission to tender)是投标人（卖方）应招标人的邀请,根据招标人规定的条件,在规定的时间和地点向招标人递价以争取成交的行为。

（二）招标的方式

目前,国际上采用的招标方式归纳起来有三类、四种方式。

1. 竞争性招标

竞争性招标(international competitive bidding, ICB)是指招标人邀请几个乃至几十个投标人参加投标,通过多数投标人竞争,选择其中对招标人最有利的投标达成交易。通常有两种做法:

（1）公开招标(open bidding),是指招标人在国内外主要报刊上刊登招标广告,凡对该项招标内容有兴趣的人均有机会购买招标资料进行投标。政府采购物资大部分采用公开招标。

（2）选择性招标(selected bidding)又称邀请招标,是指招标人不在报刊上刊登广告,而是根据自己具体的业务关系和情报资料由招标人对投标人进行邀请,进行资格预审后,再由他们进行投标。

2. 谈判招标

谈判招标(negotiated bidding) 又称议标,它是非公开的,是一种非竞争性的招标。这种招标由招标人物色几家投标人直接进行合同谈判,谈判成功,交易即达成。

3. 两段招标

两段招标(two-stage bidding)是指无限竞争招标和有限竞争招标的综合方式,采用此类方式时,则是先用公开招标,再用选择性招标,分两段进行。

第四节　加工贸易

一、加工贸易的概念

加工贸易指从境外保税进口全部或部分原辅材料、零部件、元器件、包装物料,经境内企业加工或装配后,将制成品复出口的经营活动。

二、加工贸易的种类

（一）来料加工

1. 来料加工的定义

来料加工(processing with customer's materials)是指由外商免费提供全部或部分原

料、辅料、零配件、元器件、配套件和包装物料(简称料件),委托加工方按外商的要求进行加工装配,加工后的成品交外商销售,加工方按合同规定收取工缴费的一种贸易方式。

2. 来料加工的特点

(1) 由外商提供全部或部分料件,加工方无需用外汇购买进口料件。

(2) 来料加工的料件进口和成品出口是同一协议及同一客户。

(3) 来料加工出口的成品,加工方不负责销售,由外商自行销售。

(4) 外商提供的进口料件及加工的成品,加工方只拥有使用保管权以及根据合同规定所赋予的代办运输权、报关权,而不拥有所有权。

(5) 加工方只收取合同规定的工缴费,不参与外商经营该业务所得利润的分配,也不承担在开展此业务过程中产生的经济风险。

(二) 进料加工

1. 进料加工的定义

进料加工(processing with imported materials)是指我国有关经营单位用外汇购买进口部分原材料、零部件、元器件、包装物料、辅助材料(简称料件),加工成品或半成品后销往国外的一种贸易方式。

进料加工可分为进料加工对口合同和进料加工非对口合同。

(1) 进料加工对口合同

进料加工对口合同是指拥有进出口经营权的企业对外签订进口料件合同和相应的出口成品合同(包括不同客户的对口联号合同),进口料件生产的成品、数量及销售流向都在进出口合同中予以确定。

(2) 进料加工非对口合同

进料加工非对口合同也称备料加工合同,是指拥有进出口经营权的企业对外签订进口料件合同,在向海关备案时尚未签订出口成品合同,进口料件生产的成品、数量及销量及销售流向均未确定。

2. 进料加工的特点

(1) 外汇购买、产品外销。加工贸易经营单位用外汇从国外购买进口原料,加工成品后由加工贸易经营单位负责外销。

(2) 自行生产、自行销售。加工贸易经营单位进口料件后自行决定产品生产的数量、规格、款式,根据国际市场情况自行选择产品销售对象和价格。

(3) 自负盈亏、风险自担。由于进口料件是以对外买断的形式出现的(客供主、辅料除外),其产权归加工贸易经营单位所有,因此,加工贸易经营单位在完全自行决定进料、储存、生产、销售的同时也自负盈亏、自担风险。

三、来料加工与进料加工的区别

(1) 原材料、零部件和产品的所有权不同。来料加工是由外商提供原材料、零部件、元器件,并要按外商的要求进行加工装配,生产出来的产品所有权归外商所有,由外商支配。而外贸公司或企业开展进料加工,是用自己的外汇进口原材料、零部件,并将生产加工出来的产品出口,即以进养出,外贸企业对原辅料以及加工出来的成品拥有所有权,完全根据自己的意图对外销售。

(2)我国外贸公司或企业所处的地位不同。在来料加工贸易实务中,外商与承接来料加工的公司或企业是委托与被委托关系;而在进料加工贸易实务中,外贸公司或企业完全是自主经营,与销售料件的外商和购买成品的外商均是买卖关系。

(3)贸易性质不同。来料加工就是为提供料、件的外商加工装配产品,纯属加工贸易性质;而进料加工则是外贸公司或企业独立的对外的进口和出口业务,属于一般进出口贸易的性质。

(4)产品的销售方式不同。在来料加工业务中,加工出来的产品由外商负责出运,并自行销售,销售的好坏与加工企业毫无关系;而进料加工业务中,进口原料的外贸公司在产品生产出来后,要自己负责对外推销,产品销售的好坏与自己密切相关。

第五节 对 销 贸 易

一、对销贸易的概念

对销贸易(counter trade)又称对等贸易、反向贸易、互抵贸易等,是指由贸易双方在达成贸易协议时,规定一方的进口产品可以部分或者全部以出口产品来支付,它是一种买卖互为条件的国际贸易的交易方式。在对销贸易中,一方既是买方,又是卖方,双方都是既买又卖。

二、对销贸易的种类

对销贸易的基本形式主要有易货贸易、互购方式和回购方式三种。

(一)易货贸易

易货贸易(barter trade)是指以物易物,即货物出口的一方在进口某一价值货物的同时,向对方提供等值的出口货物,通常不涉及货币的支付问题。

针对传统易货贸易的缺陷,现在的易货贸易采用了一些比较灵活的方式,采用易货记账方式。交易双方在进出口时,双方都将易货的货值记账,货款相互抵冲。当易货的价值有差异时,记在账上,下笔交易时进行平衡,也可在一定期限内进行平衡,平衡时如有差异,再以货物支付或以现汇支付。

(二)互购方式

互购(counter purchase)又称对购或平行交易,是交易双方先签订一个合同,约定由先进口国(往往是发展中国家)用现汇购买对方的货物(如机器、设备等),并由先出口国(通常为发达国家)在此合同中承诺在一定时期内买回头货;之后,双方还需签订一个合同,具体约定由先出口国用所得货款的一部分或全部从先进口国购买回头货。与易货贸易不同的是,互购方式下,每个合同都以货币支付,是一种现汇交易。

由于双方都承担互购义务,实际上还是相互购买对方货物,这在一定程度上可以解决在支付能力不足的情况下能够进口到所需的货物,同时通过互购方式出口货物,能够拓展国际市场。

（三）回购方式

回购(buyback)又称补偿贸易(compensation trade),是指在信贷的基础上,进口机器设备、器材或技术,而用该进口机器设备和技术生产的产品来分期偿还进口货物的全部或一部分的货款。

补偿贸易的种类很多,按补偿的内容来划分,主要有以下三种:

（1）用直接产品补偿,又称产品返销。它是补偿贸易最基本的方法,即引进设备技术的一方,用该设备技术生产出来的产品偿付供方设备技术的价款和利息。

（2）用其他产品补偿,又称产品互购。即引进设备技术的一方,不是用该设备技术生产的产品,而是以其他产品来偿付供方设备技术的价款和利息。

（3）用劳务补偿。最常见的是与加工贸易结合起来,即以来料来件加工装配取得的工缴费,分期偿还引进的技术和设备的价款和利息。

第六节　期货贸易

一、期货贸易的概念

期货贸易(futures trading)是在商品交易所实货交易的基础上发展起来的一种特殊的交易方式,交易的双方一般都没有卖出或买进真正货物的要求,交易的结果,可以不发生实际货物的转移,而只是买进和卖出同等数量的期货合同,从中取得或支付价格差额。因此,期货贸易又称期货合同交易或纸合同交易。

二、期货贸易的内容和做法

在期货贸易中,根据交易者的目的不同,可以分为两类不同性质的交易:一类称为买空卖空;一类称为套期保值。

1. 买空卖空

买空又称多头期货(long futures),是指投机商在行市看涨时,买进期货,待行市实际上涨后将期货回抛出售。卖空又称空头期货(short futures),是指投机商在行情看跌时,先抛出期货,在行情实际下跌时再补进期货。可见买空、卖空是从两次交易的价格涨落中追逐利润,是一种投机活动。行市上涨时,进行多头盈利,进行空头亏本;行市下跌时,进行空头盈利,进行多头亏本。例如,某商人于6月份在交易所出售10月交货的某商品10万磅合同一份,价格为每磅1美元。到10月份时,交易所的价格跌到每磅0.9美元,该商人便在交易所买进同为10月交货的10万磅合同一份进行对冲,于是便可获利1万美元。但如果价格上涨至每磅1.05美元,他就亏损5 000美元。

2. 套期保值

套期保值又称海琴(hedging),是指在进行实物交易的同时,利用实际货物价格与期货价格的变动趋势基本一致的原理,来转移价格风险的一种做法。基本做法是:在卖出(或买入)实际商品的同时,在商品交易所买入(或卖出)同等数量的期货。套期保值可以分为卖期保值和买期保值。

卖期保值是指实货经营者买进一批实货的同时,在交易所卖出同等数量的期货合同。如到期时价格下跌,就可用期货合同的盈利弥补实货交易中的损失。例如,某商人于7月初在实货市场买进一批玉米,价格为每千克4.30美元;为保值,同时在交易所卖出同等数量的9月份玉米合同,价格为每千克4.50美元。至8月,市场价跌,他将库存玉米出售,价格为每千克4.10美元,同时在期货市场以每千克4.30美元的价格购进同等数量的9月份期货合同以冲抵7月初卖出的同期合同。这样,他在实货市场上亏损每千克0.20美元,但在期货交易中赚回每千克0.20美元,盈亏相抵,达到了保值目的。

买期保值的做法与卖期保值相反,即在实货市场卖出实货的同时,在交易所买进同等数量的期货合同,以避免因价格上涨而遭受损失。例如,某商人6月间在实货市场上出售食糖一批,每吨58美元,11月交货。为保值,同时又以每吨58美元的价格,在期货市场购进11月份相同数量的期货合同。至11月,价格上涨,该商人以每吨61美元买进现货交付给买主,每吨亏了3美元。此时,期货市场价格也上涨,以每吨61美元售出原先买进的期货合同,每吨盈利3美元,盈亏相抵,同样达到避免价格上涨而造成损失的目的。

套期保值可以在一定程度上转移或减少风险,但是,如果处理不当,可能会事与愿违。

本章小结

> 本章主要介绍了经销、代理、寄售、拍卖、招标、投标、加工贸易、对销贸易、期货贸易等各类国际贸易方式的概念、种类、特点和基本做法。经销分为一般经销和独家经销,代理分为独家代理、一般代理和总代理,加工贸易分为来料加工和进料加工,对销贸易分为易货贸易、互购方式和回购方式,期货贸易分为买空卖空和套期保值两类交易。

练习题

[识记 填空]

1. 享有独家专营权的贸易方式是_____。

2. 代理人一般以_____的名义从事业务活动。

3. _____是指以物易物,即货物出口的一方在进口某一价值货物的同时,向对方提供等值的出口货物。

4. 进料加工是指_____进口部分原材料、零部件、元器件、包装物料、辅助材料（简称料件），加工成品或半成品后销往国外的一种贸易方式。

5. 在寄售协议下，货物的所有权在寄售地出售前属于_____。

6. _____指从境外保税进口全部或部分原辅材料、零部件、元器件、包装物料，经境内企业加工或装配后，将制成品复出口的经营活动。

7. 补偿贸易是指在_____的基础上，进口机器设备、器材或技术，而用该进口机器设备和技术生产的产品来分期偿还进口货物的全部或一部分的货款。

8. _____是指投机商在行市看涨时，买进期货，待行市实际上涨后将期货回抛出售。

9. _____是指投机商在行情看跌时，先抛出期货，在行情实际下跌时再补进期货。

10. _____是指在进行实物交易的同时，利用实际货物价格与期货价格的变动趋势基本一致的原理，来转移价格风险的一种做法。

[是非 判断]

1. 一般经销与包销的不同之处在于：一般经销人享有专营权，而包销人则不享有专营权。（   ）

2. 来料加工方式中料件和加工后成品的所有权属于外商，而不属于来料加工厂。（   ）

3. 加工贸易方式下，加工装配后的产品完全由委托加工装配的外商负责运出我国境外，自行销售，我方只承担按加工装配协议规定的质量、期限交货的责任，产品是否能卖出与我方毫无关系，完全是外商的事。（   ）

4. 互购贸易是把先后两笔不一定等值的现汇交易结合在一起，一般对后出口一方比较有利。（   ）

5. 补偿贸易中，贸易双方都十分关心生产情况，机器设备和技术的出口方必须承诺回购进口方的产品和服务。（   ）

6. 寄售中的双方当事人是买卖关系。（   ）

7. 寄售是先出运，后成交的贸易方式，属于现货买卖。（   ）

8. "买主叫价拍卖"，也称为"荷兰式拍卖"。（   ）

9. 招标与投标同一般进出口贸易方式的做法不同，采用这种方式，双方当事人不必经过交易磋商，而是由各投标人应邀同时采取一次递价的方法。（   ）

10. 拍卖是一种公开竞买的现货交易。（   ）

[选择 理解]

1. 对销贸易具体的形式有（   ）。

A. 易货贸易　　　　B. 互购　　　　　　C. 加工贸易　　　　D. 回购

2. 来料加工的特点有（   ）。

A. 由外商提供全部或部分料件，不占用我方外汇

B. 料件进口和成品出口不是同一客户

C. 来料加工出口的成品，由外商自行销售

D. 我方只收取工缴费

E. 外商提供的进口料件和加工的成品,我方不拥有所有权

3. 进料加工合同可分为( )。

A. 来料加工合同 　　　　　　　　B. 备料加工合同

C. 出料加工合同 　　　　　　　　D. 进料加工对口合同

E. 进料加工非对口合同

4. 国际贸易的主要方式有( )。

A. 代理　　　B. 期货交易　　　C. 加工贸易　　　D. 拍卖　　　E. 报关

5. 独家经销是指经销商在( )享有独家专营权。

A. 协议规定的期限　B. 协议规定的地域　C. 所有商品　D. 某一类商品　E. 终生

[实训　提高]

1. 比较独家代理与包销的异同。

2. 试分析来料加工和进料加工的异同点。

3. 案例分析题。

(1) 美国某公司与香港 A 公司签订一份独家代理协议,指定香港公司为独家代理。在订立协议时,美国公司正在试验改进现有产品的性能。不久美国公司试验成功,并把这项改进后的同类产品,指定香港另一家公司作独家代理。请问:美国公司有无这种权利?为什么?

(2) 某公司新研制出一种产品,为打开产品的销路,公司决定将产品运往俄罗斯,采用寄售方式出售商品。在代售方出售商品后,我方收到对方的结算清单,其中包括商品在寄售前所花费有关费用的收据。请问:寄售方式下,商品寄售前的有关费用应由谁承担?为什么?

(3) 某食品进出口公司 1997 年 8 月以 225 美元/公吨的价格收购 200 公吨小麦,并存入仓库随时准备出售。为防止库存小麦在待售期间价格下跌而蒙受损失,该食品公司欲利用套期保值交易来防止价格变动的风险。请问:该公司应做卖期保值交易还是买期保值交易?为什么?

附录一
销售确认书

三艾纺织品进出口公司
AAA TEXTILES IMPORT AND EXPORT CORPORATION
400 BINHONG ROAD, JINHUA R. P. OF CHINA
销售确认书
SALES CONFIRMATION
正本
ORIGINAL

合同号 NO. :

日期 DATE:

买方
Buyer:
地址:
Address:
电话   传真
Tel: Fax:

兹经买卖双方同意成交下列商品订立条款如下:

The undersigned sellers and buyers have agreed to close the following transaction according to the terms and conditions stipulated below:

货物名称 Names of Commodity	数量 Quantity	单价 Unit Price	金额 Amount

总值
Total value:
装运
Shipment:
付款条件
Payment:
包装
Packing:
唛头
Marks & Nos. :
保险
Insurance:
买方 The Buyer: 卖方 The Seller:

信用证

Form of Doc. Credit	* 40 A	: IRREVOCABLE
Doc. Credit Number	* 20	: LC - 410 - 046405
Date of Issue	31C	: 981022
Expiry	* 31 D	: Date 990115 Place CHINA
Applicant	* 50	: SUMITOMO CORPORATION
Beneficiary	* 59	: ABC TRADING CO.
		NO. 31 ZHEN AN ROAD GUANGZHOU, CHINA
Amount	* 32B	: Currency USD Amount 95,200.00
Pos. / Neg. Tol. (%)	39A	: 5/5
Available with/by	* 41D	: ANY BANK BY NEGOTIATION
Draft at	42C	: DRAFTS AT SIGHT FOR FULL INVOICE VALUE
Drawee	42A	: SAIBJPJT
		* ASAHI BANK LTD, THE (FORMERLY THE
		* KYOWA SAITAMA BANK, LTD.)
		* TOKYO
Partial Shipments	43P	: ALLOWED
Transhipment	43T	: ALLOWED
Loading in Charge	44A	: SHIPMENT FROM CHINESE MAIN PORT
For Transport to	44B	: OSAKA, JAPAN
Latest Date of Ship.	44C	: 981231
Descript. of Goods	45A :	

HALF DRIED PRUNE 1998CROP

GRADE	SPEC		QNTY (CASE)	UNIT PRICE (USD/CASE)
A	L: 700CASE	M: 700CASE	1,400	26.0 CFR OSAKA
B	L: 1400CASE	M: 1400CASE	2,800	21.0 CFR OSAKA

PACKING: IN WOODEN CASE, 12KGS PER CASE

TRADE TERMS: CFR OSAKA

Documents required 46A:

+2/3 SET OF CLEAN ON BOARD OCEAN BILLS OF LADING MADE OUT TO ORDER OF SHIPPER AND BLANK ENDORSED AND MARKED "FREIGHT PREPAID" AND " NOTIFY SUMITOMO CORPORATION OSAKA."

142

+MANUALLY SIGNED COMMERCIAL INVOICE IN TRIPLICATE(3) INDICATING APPLICANT'S REF. NO. SCLI－98－0474.

+PACKING LIST IN TRIPLICATE(3).

+MANUALLY SIGNED CERTIFICATE OF ORIGIN IN TRIPLICATE(3)

+BENEFICIARY'S CERTIFICATE STATING THAT CERTIFICATE OF MANUFACTURING PROCESS AND OF THE INGREDIENTS ISSUED BY GUANGDONG YUE FENG TRADING CO., SHOULD BE SENT TO SUMITOMO CORP ESCLZ SECTION.

+CERTIFICATE OF WEIGHT AND QUALITY IN TRIPLICATE.

Additional Cond. 47A：

1. INSURANCE TO BE EFFECTED BY BUYER.

2. TELEGRAPHIC REIMBURSENMENT CLAIM PROHIBITED.

3. 1/3 ORIGINAL B/L AND OTHER SHIPPING DOCUMENTS MUST BE SENT DIRECTRY TO APPLICANT SUMITOMO CORP ESCLZ SECTION IN 3DAYS AFTER B/L DATE. AND SENT BY FAX.

4. AMOUNT AND QNTY 5PCT MORE OR LESS ALLOWED.

5. THIS COMMODITY FREE FROM RESIN.

Details of Charges 71B：ALL BANKING CHARGES OUTSIDE JAPAN ARE FOR ACCOUNT OF BENEFICIARY

Presentation Pariod 48：DOCUMENTS TO BE PRESENTED WITHIN 15 DAYS AFTER THE DATE OF SHIPMENT, BUT WITHIN THE VALIDITY OF THE CREDIT.

商业发票

Issuer:	三艾纺织品进出口公司 AAA TEXTILES IMPORT AND EXPORT CORPORATION 400 BINHONG ROAD, JINHUA R. P. OF CHINA			
	商 业 发 票 **COMMERCIAL INVOICE**			
To:	NO.		Date	
	Terms of Payment		L/C NO.	
Transport Details:				
	Country of Origin CHINA			
Marks & Nos.	Description of Goods	Quantity	Unit Price	Amount

144

提单

BILL OF LADING

Shipper	COSCO
	B/L NO.
Consignee	CHINA OCEANS SHIPPIGN COMPANY 总公司 HEAD OFFICE. 北京 BELJING
	CABLE: TALEX: **ORIGINAL**
Notify	
Vessel Voy	

| Port of Loading | Port of Discharge | Transport Through or VIA: |

Nationality   THE PEOPLE'S REPUBLIC OF CHINA   Freight Payable at

Particular furnished by the Shipper

Marks and Number	No. Of Packages	Description of Goods	Gross Weight	Measurement

Total Packages (in words)

| Freight and Changes | NO. of
original B/L | PLACE AND DATE OF ISSUE
Dated.................... at.............. |

Loading on board the vessel

Date   By   _____ SIGNED for the CARRIER

保险单

中保财产保险有限公司
The people insurance (Property) Company of China, LTD.
PICC PROPERTY

发票号码
Invoice No.

保险单号次
Policy No.

海洋货物运输保险单

MARINE CARGO TRANSPORTATION INSURANCE POLICY

被保险人：
Insured：..

中保财产保险有限公司(以下简称本公司)根据被保险人的要求,及其所缴付约定的保险费,按照本保险单承担险别和背面所载条款与下列特别条款承保下列货物运输保险,特签发本保险单。

This policy of Insurance witnesses that The People Insurance (Property) Company of China, Ltd. (hereinafter called the Company), at the reruest of the Insured and in condideration of the agreed premium paid by the Insurred, undertakes to insurre the undermentioned goods in transportation subject to the conditions of this Policy as per the Clauses printed overleaf and other special clauses attached hereon.

保险货物项目 Descriptions of Goods	包装单位　数量 Packing Unit Quantity	保险金额 Amount Insured

承保险别
Conditions

货物标记
Marks & NOS. of Goods

总保险金额：
Total Amount Insured：..

保费　　　　　　载运输工具　　　　　　　　　　　　开航日期
Premium AS ARRANGED Per conveyance S. S .... Sig. on or abt..........
起运港　　　　　　目的港
From .... To...

所保货物,如发生本保险单项下可能引起索赔的损失或损坏,应立即通知本公司下述代理人查勘。如有索赔,应向本公司提交保险单正本(本保险单共有 2 份正本)及有关文件。如一份正本已用于索赔,其余正本则自动失效。

In the event of damage which may result in a claim under this Policy, immediate notice be given to the Company Agent as mentioned hereunder. Claims, if any, one of the Original Policy which has been issued in(15) 2 Orginal(s) together with the relevant documents shall be surrended to be Company, if one of the Original Policy has been accomplished, the others to be INvoid.

中保财产保险有限公司
THE PEOPLE INSURANCE (PROPERTY) COMPANY OF CHINA, LTD

赔款偿付地点
Claim payable at ....
日期　　　　(17)　　　　　在
Date .... at ....
Address：地址：

汇票

汇 票

BILL OF EXCHANGE

凭
Drawn under ....

信用证　　　第　　　号

L/C　　　No. ....

日期　　　年　　月　　日
Dated ....

按　　　　　息　　　付款
Payable with interest @ ....% per annum

号码　　　　　汇票金额　　　　　　　　中国　广州　年　月　日
No. ....　Exchange for ....　China ....

见票　　　　　日后(本汇票之副本未付)付

At _____ sight of this **FIRST** of Exchange (Second of exchange being unpaid)
Pay to the order of ....　或其指定人
金额
The sum of

此致
To ....

....

附录二
《2000 年国际贸易术语解释通则》摘选

INCOTERMS 2000

(国际商会第 560 号出版物)

2000 年 1 月 1 日生效

FCA 货交承运人 (……指定地点)

FREE CARRIER

(…name place)

"货交承运人(……指定地点)"是指卖方只要将货物在指定的地点交给买方指定的承运人,并办理了出口清关手续,即完成交货。需要说明的是,交货地点的选择对于在该地点装货和卸货的义务会产生影响。若卖方在其所在地交货,则卖方应负责装货,若卖方在任何其他地点交货,卖方不负责卸货。

该术语可用于各种运输方式,包括多式联运。

"承运人"指任何人在运输合同中,承诺通过铁路、公路、空运、海运、内河运输或上述运输的联合方式履行运输或由他人履行运输。

若买方指定承运人以外的人领取货物,则当卖方将货物交给此人时,即视为已履行了交货义务。

A 卖方义务

B 买方义务

A1 提供符合合同规定的货物

卖方必须提供符合销售合同规定的货物和商业发票或有同等作用的电子讯息,以及合同可能要求的、证明货物符合合同规定的其他任何凭证。

B1 支付价款

买方必须按照销售合同规定支付价款。

A2 许可证、其他许可和手续

卖方必须自当风险和费用,取得任何出口许可证或其他官方许可,并在需要办理海关手续时,办理货物出口所需要的一切海关手续。

B2 许可证、其他许可和手续

买方必须自担风险和费用,取得任进口许可证或其他官方许可,并在需要办理海关手续时,办理货物进口和从他国过境的一切海关手续。

A3 运输合同与保险合同

a) 运输合同

无义务。但若买方要求,或者如果是商业惯例而买方未适时给予卖方相反指示,则卖方可按照通常条件订立运输合同,费用和风险由买方承担。在任何一种情况下,卖方都可以拒绝订立此合同;如果拒绝,则应立即通知买方。

b) 保险合同

无义务。

B3　运输合同与保险合同

a) 运输合同

买方必须自付费用订立自指定的地点运输货物的合同,但运输合同由卖方按照 A3a)订立了运输合同时除外。

b) 保险合同

无义务。

A4　交货

卖方必须在指定的交货地点,在约定的交货日期或期限内,将货物交付给买方指定的承运人或其他人,或由卖方按照 A3a)选定的承运人或其他人。

交货在以下时候完成:

a) 若指定的地点是卖方所在地,则当货物被装上买方指定的承运人或代表买方的其他人提供的运输工具时;

b) 若指定的地点不是 a)而是其他任何地点,则当货物在卖方的运输工具上,尚未卸货而交给买方指定的承运人或其他人或由卖方按照 A3a)选定的承运人或其他人的处置时。

若在指定的地点没有决定具体交货点,且有几个具体交货点可供选择时,卖方可以在指定的地点选择最适合其目的的交货点。

若买方没有明确指示,则卖方可以根据运输方式和/或货物的数量和/或性质将货物交付运输。

B4　受领货物

买方必须在卖方按照 A4 规定交货时,受领货物。

A5　风险转移

除 B5 规定者外,卖方必须承担货物灭失或损坏的一切风险,直至已经按照 A4 规定交货为止。

B5　风险转移

买方必须按照下述规定承当货物灭失或损坏的一切风险:

自按照 A4 规定交货之时起;及

由于买方未能按照 A4 规定指定承运人或其他人,或其指定的承运人或其他人未在约定时间接管货物,或买方未按照 B7 规定给予卖方相应通知,则自约定的交货日期或交货期限届满之日起,但以该项货物已正式划归合同项下,即清楚地划出或以其他方式确定为合同项下之货物为限。

A6　费用划分

除 B6 规定者外,卖方必须支付

与货物有关的一切费用,直至已按照 A4 规定交货为止;及

在需要办理海关手续时,货物出口应办理的海关手续费用及出口应交纳的一切关税、税款和其他费用。

B6　费用划分

买方必须支付

自按照 A4 规定交货之时起与货物有关的一切费用;及

由于买方未能按照 A4 规定指定承运人或其他人、或由于买方指定的人未在约定的时间内接管货物、或由于买方未按照 B7 规定给予卖方相应通知而发生的任何额外费用,但以该项货物已正式划归合同项下,即清楚地划出或以其他方式确定为合同项下之货物为限。

在需要办理海关手续时,货物进口应交纳的一切关税、税款和其他费用,以及办理海关手续的费用及从他国过境的费用。

A7　通知买方

卖方必须给予买方说明货物已按照 A4 规定交付给承运人的充分通知。若在约定时间承运人未按照规定接收货物,则卖方必须相应地通知买方。

B7　通知卖方

买方必须就按照 A4 规定指定的人的名称给予卖方充分通知,并根据需要指明运输方式和向该指定的人交货的日期或期限,以及依情况在指定的地点内的具体交货点。

A8　交货凭证、运输单据或有同等作用的电子讯息

卖方必须自担费用向买方提供证明按照 A4 规定交货的通常单据。

除非前项所述单据是运输单据,否则,应买方要求并由其承担风险和费用,卖方必须给予买方一切协助,以取得有关运输合同的运输单据(如可转让提单、不可转让海运单、内河运输单据、空运单、铁路托运单、公路托运单或多式联运单据)。

如买卖双方约定使用电子方式通讯,则前项所述单据可以使用有同等作用的电子数据交换(EDI)讯息所代替。

B8　交货凭证、运输单据或有同等作用的电子讯息

买方必须接受按照 A8 规定提供的交货凭证。

A9　查对、包装、标记

卖方必须支付为了按照 A4 交货所需进行的查对费用(如核对货物品质、丈量、过磅、点数的费用)。

卖方必须自付费用提供按照卖方在订立销售合同前已知的有关该货物运输(如运输方式、目的地)所要求的包装(除非按照相关行业惯例,合同所述货物通常无需包装发运)。包装应作适当标记。

B9　货物检验

买方必须支付任何装运前检验的费用,但出口国有关当局强制进行的检验除外。

A10　其他义务

应买方要求并由其承当风险和费用,卖方必须给予买方一切协助,以帮助买方取得由装运地国和/或原产地国所签发或传送的、为买方进口货物可能要求的和必要时从他国过境所需要的任何单据或有同等作用的电子讯息(A8 所列的除外)。应买方要求,卖方必须向买方提供投保所需的信息。

B10 其他义务

买方必须支付因取得 A10 所述单据或电子讯息而发生的一切费用,并偿付卖方按照该款给予协助以及按照 A3a)订立运输合同所发生的费用。

当买方按照 A3a)规定要求卖方协助订立运输合同时,买方必须给予卖方相应的指示。

FOB
装运港船上交货(……指定装运港)
FREE ON BOARD
(…named port of shipment)

"装运港船上交货(……指定装运港)"是当货物在指定的装运港越过船舷,卖方即完成交货。这意味着买方必须从该点起承担货物灭失或损坏的一切风险。FOB 术语要求卖方办理货物出口清关手续。

该术语仅适用于海运或内河运输。如当事各方无意越过船舷交货,则应使用 FCA 术语。

A 卖方义务

B 买方义务

A1 提供符合合同规定的货物

卖方必须提供符合销售合同规定的货物和商业发票或有同等作用的电子讯息,以及合同可能要求的、证明货物符合合同规定的其他任何凭证。

B1 支付价款

买方必须按照销售合同规定支付价款。

A2 许可证、其他许可和手续

卖方必须自担风险和费用,取得任何出口许可证或其他官方许可,并在需要办理海关手续时,办理货物出口货物所需的一切海关手续。

B2 许可证、其他许可和手续

买方必须自担风险和费用,取得任何进口许可证或其他官方许可,并在需要办理海关手续时,办理货物进口和在必要时从他国过境所需的一切海关手续。

A3 运输合同和保险合同

a) 运输合同

无义务。

b) 保险合同

无义务。

B3 运输合同和保险合同

a) 运输合同

买方必须自付费用订立从指定的装运港运输货物的合同。

b) 保险合同

无义务。

A4 交货

卖方必须在约定的日期或期限内,在指定的装运港,按照该港习惯方式,将货物交至买方指定的船只上。

B4 受领货物

买方必须在卖方按照 A4 规定交货时受领货物。

A5 风险转移

除 B5 规定者外,卖方必须承担货物灭失或损坏的一切风险,直至货物在指定的装运港越过船舷为止。

B5 风险转移

买方必须按照下述规定承担货物灭失或损坏的一切风险:

货物在指定的装运港越过船舷时起;及

由于买方未按照 B7 规定通知卖方,或其指定的船只未按时到达,或未接收货物,或较按照 B7 通知的时间提早停止装货,则自约定的交货日期或交货期限届满之日起,但以该项货物已正式划归合同项下,即清楚地划出或以其他方式确定为合同项下之货物为限。

A6 费用划分

除 B6 规定者外,卖方必须支付

与货物有关的一切费用,直至货物在指定的装运港越过船舷时为止;及

需要办理海关手续时,货物出口需要办理的海关手续费用及出口时应交纳的一切关税、税款和其他费用。

B6 费用划分

买方必须支付

自货物在指定的装运港越过船舷之时起与货物有关的一切费用;及

由于买方指定的船只未按时到达,或未接收上述货物,或较按照 B7 通知的时间提早停止装货,或买方未能按照 B7 规定给予卖方相应的通知而发生的一切额外费用,但以该项货物已正式划归合同项下,即清楚地划出或以其他方式确定为合同项下之货物为限;及

需要办理海关手续时,货物进口应交纳的一切关税、税款和其他费用,及办理海关手续的费用,以及货物从他国过境的费用。

A7 通知买方

卖方必须给予买方说明货物已按照 A4 规定交货的充分通知。

B7 通知卖方

买方必须给予卖方有关船名、装船点和要求交货时间的充分通知。

A8 交货凭证、运输单据或有同等作用的电子讯息

卖方必须自付费用向买方提供证明货物已按照 A4 规定交货的通常单据。

除非前项所述单据是运输单据,否则应买方要求并由其承担风险和费用,卖方必须给予买方一切协助,以取得有关运输合同的运输单据(如可转让提单、不可转让海运单、内河

由于双方都承担互购义务,实际上还是相互购买对方货物,这在一定程度上可以解决在支付能力不足的情况下能够进口到所需的货物,同时通过互购方式出口货物,能够拓展国际市场。

(三)回购方式

回购(buyback)又称补偿贸易(compensation trade),是指在信贷的基础上,进口机器设备、器材或技术,而用该进口机器设备和技术生产的产品来分期偿还进口货物的全部或一部分的货款。

补偿贸易的种类很多,按补偿的内容来划分,主要有以下三种:

(1)用直接产品补偿,又称产品返销。它是补偿贸易最基本的方法,即引进设备技术的一方,用该设备技术生产出来的产品偿付供方设备技术的价款和利息。

(2)用其他产品补偿,又称产品互购。即引进设备技术的一方,不是用该设备技术生产的产品,而是以其他产品来偿付供方设备技术的价款和利息。

(3)用劳务补偿。最常见的是与加工贸易结合起来,即以来料来件加工装配取得的工缴费,分期偿还引进的技术和设备的价款和利息。

第六节 期 货 贸 易

一、期货贸易的概念

期货贸易(futures trading)是在商品交易所实货交易的基础上发展起来的一种特殊的交易方式,交易的双方一般都没有卖出或买进真正货物的要求,交易的结果,可以不发生实际货物的转移,而只是买进和卖出同等数量的期货合同,从中取得或支付价格差额。因此,期货贸易又称期货合同交易或纸合同交易。

二、期货贸易的内容和做法

在期货贸易中,根据交易者的目的不同,可以分为两类不同性质的交易:一类称为买空卖空;一类称为套期保值。

1. 买空卖空

买空又称多头期货(long futures),是指投机商在行市看涨时,买进期货,待行市实际上涨后将期货回抛出售。卖空又称空头期货(short futures),是指投机商在行情看跌时,先抛出期货,在行情实际下跌时再补进期货。可见买空、卖空是从两次交易的价格涨落中追逐利润,是一种投机活动。行市上涨时,进行多头盈利,进行空头亏本;行市下跌时,进行空头盈利,进行多头亏本。例如,某商人于6月份在交易所出售10月交货的某商品10万磅合同一份,价格为每磅1美元。到10月份时,交易所的价格跌到每磅0.9美元,该商人便在交易所买进同为10月交货的10万磅合同一份进行对冲,于是便可获利1万美元。但如果价格上涨至每磅1.05美元,他就亏损5 000美元。

2. 套期保值

套期保值又称海琴(hedging)，是指在进行实物交易的同时，利用实际货物价格与期货价格的变动趋势基本一致的原理，来转移价格风险的一种做法。基本做法是：在卖出(或买入)实际商品的同时，在商品交易所买入(或卖出)同等数量的期货。套期保值可以分为卖期保值和买期保值。

卖期保值是指实货经营者买进一批实货的同时，在交易所卖出同等数量的期货合同。如到期时价格下跌，就可用期货合同的盈利弥补实货交易中的损失。例如，某商人于7月初在实货市场买进一批玉米，价格为每千克4.30美元；为保值，同时在交易所卖出同等数量的9月份玉米合同，价格为每千克4.50美元。至8月，市场价跌，他将库存玉米出售，价格为每千克4.10美元，同时在期货市场以每千克4.30美元的价格购进同等数量的9月份期货合同以冲抵7月初卖出的同期合同。这样，他在实货市场上亏损每千克0.20美元，但在期货交易中赚回每千克0.20美元，盈亏相抵，达到了保值目的。

买期保值的做法与卖期保值相反，即在实货市场卖出实货的同时，在交易所买进同等数量的期货合同，以避免因价格上涨而遭受损失。例如，某商人6月间在实货市场上出售食糖一批，每吨58美元，11月交货。为保值，同时又以每吨58美元的价格，在期货市场购进11月份相同数量的期货合同。至11月，价格上涨，该商人以每吨61美元买进现货交付给买主，每吨亏了3美元。此时，期货市场价格也上涨，以每吨61美元售出原先买进的期货合同，每吨盈利3美元，盈亏相抵，同样达到避免价格上涨而造成损失的目的。

套期保值可以在一定程度上转移或减少风险，但是，如果处理不当，可能会事与愿违。

 **本章小结**

> 本章主要介绍了经销、代理、寄售、拍卖、招标、投标、加工贸易、对销贸易、期货贸易等各类国际贸易方式的概念、种类、特点和基本做法。经销分为一般经销和独家经销，代理分为独家代理、一般代理和总代理，加工贸易分为来料加工和进料加工，对销贸易分为易货贸易、互购方式和回购方式，期货贸易分为买空卖空和套期保值两类交易。

 **练习题**

[识记　填空]

1. 享有独家专营权的贸易方式是_____。

2. 代理人一般以_____的名义从事业务活动。

3. _____是指以物易物，即货物出口的一方在进口某一价值货物的同时，向对方提供等值的出口货物。

B6　费用划分

除 A3a)规定外,买方必须支付

自按照 A4 规定交货时起的一切费用;及

货物在运输途中直至到达目的港为止的一切费用,除非这些费用根据运输合同应由卖方支付;及

卸货费用包括驳运费和码头费在内的卸货费,除非这些费用根据运输合同应由卖方支付;及

如买方未按照 B7 规定给予卖方通知,则自约定的装运日期或装运期限届满之日起,货物所发生的一切额外费用,但以该项货物已正式划归合同项下,即清楚地划出或以其他方式确定为合同项下之货物为限;及

在需要办理海关手续时,货物进口应交纳的一切关税、税款和其他费用,及办理海关手续的费用,以及需要时从他国过境的费用,除非这些费用已包括在运输合同中。

A7　通知买方

卖方必须给予买方说明货物已按照 A4 规定交货的充分通知,以及要求的任何其他通知,以便买方能够为受领货物采取通常必要的措施。

B7　通知卖方

一旦买方有权决定装运货物的时间和/或目的港,买方必须就此给予卖方充分通知。

A8　交货凭证、运输单据或有同等作用的电子讯息

卖方必须自付费用,毫不迟延地向买方提供表明载往约定目的港的通常运输单据。此单据(如可转让提单、不可转让海运单或内河运输单据)必须载明合同货物,其日期应在约定的装运期内,使买方得以在目的港向承运人提取货物,并除非另有约定,应使买方得以通过转让单据(可转让提单)或通过通知承运人,向其后手买方出售在途货物。

如此运输单据有数份正本,则应向买方提供全套正本。

如买卖双方约定使用电子方式通讯,则前项所述单据可以由具有同等作用的电子数据交换(EDI)讯息代替。

B8　交货凭证、运输单据或有同等作用的电子讯息

买方必须接受按照 A8 规定提供的运输单据,如果该单据符合合同规定的话。

A9　查对、包装、标记

卖方必须支付为按照 A4 规定交货所需进行的查对费用(如核对货物品质、丈量、过磅、点数的费用)。

卖方必须自付费用提供符合其安排的运输所要求的包装(除非按照相关行业惯例该合同所描述货物无需包装发运)。包装应作适当标记。

B9　货物检验

买方必须支付任何装运前检验的费用,但出口国有关当局强制进行的检验除外。

A10　其他义务

应买方要求并由其承当风险和费用,卖方必须给予买方一切协助,以帮助买方取得由装运地国和/或原产地国所签发或传送的、为买方进口货物可能要求的和必要时从他国过

境所需的任何单据或有同等作用的电子讯息(A8 所列的除外)。

应买方要求,卖方必须向买方提供投保所需的信息。

B10　其他义务

买方必须支付因获取 A10 所述单据或有同等作用的电子讯息所发生的一切费用,并偿付卖方因给予协助而发生的费用。

CIF

成本、保险费加运费(……指定目的港)

COST, INSURANCE AND FRIGHT

(…named port of destination)

"成本、保险费加运费"是指在装运港当货物越过船舷时卖方即完成交货。卖方必须支付将货物运至指定的目的港所需的运费和费用,但交货后货物灭失或损坏的风险及由于各种事件造成的任何额外费用即由卖方转移到买方。但是,在 CIF 条件下,卖方还必须办理买方货物在运输途中灭失或损坏风险的海运保险。因此,由卖方订立保险合同并支付保险费。买方应注意到,CIF 术语只要求卖方投保最低限度的保险险别。如买方需要更高的保险险别,则需要与卖方明确地达成协议,或者自行作出额外的保险安排。

CIF 术语要求卖方办理货物出口清关手续。

该术语仅适用于海运和内河运输。若当事方无意越过船舷交货则应使用 CIP 术语。

A　卖方义务

B　买方义务

A1　提供符合合同规定的货物

卖方必须提供符合销售合同规定的货物和商业发票或有同等作用的电子讯息,以及合同可能要求的、证明货物符合合同规定的其他任何凭证。

B1　支付价款

买方必须按照销售合同规定支付价款。

A2　许可证、其他许可和手续

卖方必须自担风险和费用,取得任何出口许可证或其他官方许可,并在需要办理海关手续时,办理货物出口货物所需的一切海关手续。

B2　许可证、其他许可和手续

买方必须自担风险和费用,取得任何进口许可证或其他官方许可,并在需要办理海关手续时,办理货物进口及从他国过境的一切海关手续。

A3　运输合同和保险合同

a) 运输合同

卖方必须自付费用,按照通常条件订立运输合同,经由惯常航线,将货物用通常可供运输合同所指货物类型的海轮(或依情况适合内河运输的船只)装运至指定的目的港。

b) 保险合同

卖方必须按照合同规定,自付费用取得货物保险,并向买方提供保险单或其他保险证据,以使买方或任何其他对货物具有保险利益的人有权直接向保险人索赔。保险合同应与信誉良好的保险人或保险公司订立,在无相反明确协议时,应按照《协会货物保险条款》(伦敦保险人协会)或其他类似条款中的最低保险险别投保。保险期限应按照B5 和 B4 规定。应买方要求,并由买方负担费用,卖方应加投战争、罢工、暴乱和民变险,如果能投保的话。最低保险金额应包括合同规定价款另加 10%(即 110%),并应采用合同货币。

B3　运输合同与保险合同

a) 运输合同

无义务。

b) 保险合同

无义务。

A4　交货

卖方必须在装运港,在约定的日期或期限内,将货物交至船上。

B4　受领货物

买方必须在卖方已按照 A4 规定交货时受领货物,并在指定的目的港从承运人处收受货物。

A5　风险转移

除 B5 规定者外,卖方必须承担货物灭失或损坏的一切风险,直至货物在装运港越过船舷为止。

B5　风险转移

买方必须承担货物在装运港越过船舷之后灭失或损坏的一切风险。

如买方未按照 B7 规定给予卖方通知,买方必须从约定的装运日期或装运期限届满之日起,承担货物灭失或损坏的一切风险,但以该项货物已正式划归合同项下,即清楚地划出或以其他方式确定为合同项下之货物为限。

A6　费用划分

除 B6 规定者外,卖方必须支付

与货物有关的一切费用,直至已经按照 A4 规定交货为止;及

按照 A3a)规定所发生的运费和其他一切费用,包括货物的装船费;及

按照 A3a)规定所发生的保险费用;及

根据运输合同由卖方支付的、在约定卸货港的任何卸货费用;及

在需要办理海关手续时,货物出口需要办理的海关手续费用及出口时应交纳的一切关税、税款和其他费用,以及根据运输合同规定由卖方支付的货物从他国过境的费用。

B6　费用划分

除 A3a)规定外,买方必须支付

自按照 A4 规定交货时起的一切费用;及

货物在运输途中直至到达目的港为止的一切费用,除非这些费用根据运输合同应由卖方支付;及

包括驳运费和码头费在内的卸货费,除非这些费用根据运输合同应由卖方支付;及

如买方未按照 B7 规定给予卖方通知,则自约定的装运日期或装运期限届满之日起,货物所发生的一切额外费用,但以该项货物已正式划归合同项下,即清楚地划出或以其他方式确定为合同项下之货物为限;及

在需要办理海关手续时,货物进口应交纳的一切关税、税款和其他费用,及办理海关手续的费用,以及需要时从他国过境的费用,除非这些费用已包括在运输合同中。

A7　通知买方

卖方必须给予买方说明货物已按照 A4 规定交货的充分通知,以及要求的任何其他通知,以便买方能够为受领货物采取通常必要的措施。

B7　通知卖方

一旦买方有权决定装运货物的时间和/或目的港,买方必须就此给予卖方充分通知。

A8　交货凭证、运输单据或有同等作用的电子讯息

卖方必须自付费用,毫不迟延地向买方提供表明载往约定目的港的通常运输单据。

此单据(如可转让提单、不可转让海运单或内河运输单据)必须载明合同货物,其日期应在约定的装运期内,使买方得以在目的港向承运人提取货物,并且,除非另有约定,应使买方得以通过转让单据(可转让提单)或通过通知承运人,向其后手买方出售在途货物。如此运输单据有数份正本,则应向买方提供全套正本。

如买卖双方约定使用电子方式通讯,则前项所述单据可以由具有同等作用的电子数据交换(EDI)讯息代替。

B8　交货凭证、运输单据或有同等作用的电子讯息

买方必须接受按照 A8 规定提供的运输单据,如果该单据符合合同规定的话。

A9　查对、包装、标记

卖方必须支付为按照 A4 规定交货所需进行的查对费用(如核对货物品质、丈量、过磅、点数的费用)。

卖方必须自付费用,提供符合其安排的运输所要求的包装(除非按照相关行业惯例该合同所描述货物无需包装发运)。包装应作适当标记。

B9　货物检验

买方必须支付任何装运前检验的费用,但出口国有关当局强制进行的检验除外。

A10　其他义务

应买方要求并由其承当风险和费用,卖方必须给予买方一切协助,以帮助买方取得由装运地国和/或原产地国所签发或传送的、为买方进口货物可能要求的和必要时从他国过境所需的任何单据或有同等作用的电子讯息(A8 所列的除外)。

应买方要求,卖方必须向买方提供额外投保所需的信息。

B10　其他义务

买方必须支付因获取 A10 所述单据或有同等作用的电子讯息所发生的一切费用,并偿付卖方因给予协助而发生的费用。

应卖方要求,买方必须向其提供投保所需的信息。

CIP

运费和保险费付至(……指定目的地)

CARRIAGE AND INSURANCE PAID TO

(…named place of destination)

"运费和保险费付至(……指定目的地)"是指卖方向其指定的承运人交货,但卖方还必须支付将货物运至目的地的运费,亦即买方承担卖方交货之后的一切风险和额外费用。但是,按照 CIP 术语,卖方还必须办理买方货物在运输途中灭失或损坏风险的保险。因此,由卖方订立保险合同并支付保险费。

买方应注意到,CIP 术语只要求卖方投保最低限度的保险险别。如买方需要更高的保险险别,则需要与卖方明确地达成协议,或者自行作出额外的保险安排。

"承运人"指任何人在运输合同中,承诺通过铁路、公路、空运、海运、内河运输或上述运输的联合方式履行运输或由他人履行运输。

如果还使用接运的承运人将货物运至约定目的地,则风险自货物交给第一承运人时转移。

CIP 术语要求卖方办理出口清关手续。

该术语可适用于各种运输方式,包括多式联运。

A　卖方义务

B　买方义务

A1　提供符合合同规定的货物

卖方必须提供符合销售合同规定的货物和商业发票或有同等作用的电子讯息,以及合同可能要求的、证明货物符合合同规定的其他任何凭证。

B1　支付价款

买方必须按照销售合同规定支付价款。

A2　许可证、其他许可和手续

卖方必须自担风险和费用,取得任何出口许可证或其他官方许可,并在需要办理海关手续时办理货物出口所需的一切海关手续。

B2　许可证、其他许可和手续

买方必须自担风险和费用,取得任何进口许可证或其他官方许可,并在需要办理海关手续时办理货物进口和从他国过境所需的一切海关手续。

A3　运输合同和保险合同

a) 运输合同

卖方必须自付费用,按照通常条件订立运输合同,依通常路线及习惯方式,将货物运至指定的目的地的约定点。若未约定或按照惯例也不能确定具体交货点,则卖方可在指定的目的地选择最适合其目的的交货点。

b) 保险合同

卖方必须按照合同规定,自付费用取得货物保险,并向买方提供保险单或其他保险证据,以使买方或任何其他对货物具有保险利益的人有权直接向保险人索赔。保险合同应与信誉良好的保险人或保险公司订立,在无相反明示协议时,应按照《协会货物保险条款》(伦敦保险人协会)或其他类似条款中的最佳限度保险险别投保。保险期限应按照 B5 和 B4 规定。应买方要求,并由买方负担费用,卖方应加投战争、罢工、暴乱和民变险,如果能投保的话。最低保险金额应包括合同规定价款另加 10%(即 110%),并应采用合同货币。

B3 运输合同和保险合同

a) 运输合同

无义务。

b) 保险合同

无义务。

A4 交货

卖方必须在约定日期或期限内向按照 A3 规定订立合同的承运人交货,或如有接运的承运人时,向第一承运人交货,以使货物运至指定的目的地的约定点。

B4 受领货物

买方必须在卖方按照 A4 规定交货时受领货物,并在指定的目的地从承运人处收受货物。

A5 风险转移

除 B5 规定者外,卖方必须承担货物灭失或损坏的一切风险,直至已经按照 A4 规定交货为止。

B5 风险转移

买方必须承担按照 A4 规定交货后货物灭失或损坏的一切风险。买方如未按照 B7 规定通知卖方,则必须从约定的交货日期或交货期限届满之日起,承担货物灭失或损坏的一切风险,但以该项货物已正式划归合同项下,即清楚地划出或以其他方式确定为合同项下之货物为限。

A6 费用划分

除 B6 规定者外,卖方必须支付

与货物有关的工切费用,直至已经按照 A4 规定交货为止,以及按照 A3a)规定所发生的运费和其他一切费用,包括装船费和根据运输合同应由卖方支付的在目的地的卸货费;及

按照 A3b)发生的保险费用;及

在需要办理海关手续时,货物出口需要办理的海关手续费用,以及货物出口时应交纳的一切关税、税款和其他费用,以及根据运输合同由卖方支付的货物从他国过境的费用。

B6 费用划分

除 A3 规定者外,买方必须支付

自按照 A4 规定交货之时起与货物有关的一切费用;及

货物在运输途中直至到达约定目的地为止的一切费用,除非这些费用根据运输合同应由卖方支付;及

卸货费,除非这些费用根据运输合同应由卖方支付;及

如买方未按照 B7 规定给予卖方通知,则自约定的装运日期或装运期限届满之日起,货物所发生的一切额外费用,但以该项货物已正式划归合同项下,即清楚地划出或以其他方式确定为合同项下之货物为限;及

在需要办理海关手续时,货物进口应交纳的一切关税、税款和其他费用,及办理海关手续的费用,以及从他国过境的费用,除非这些费用已包括在运输合同中。

A7　通知买方

卖方必须给予买方说明货物已按照 A4 规定交货的充分通知,以及要求的任何其他通知,以便买方能够为受领货物而采取通常必要的措施。

B7　通知卖方

一旦买方有权决定发运货物的时间和/或目的地,买方必须就此给予卖方充分通知。

A8　交货凭证、运输单据或有同等作用的电子讯息

卖方必须自付费用(如果习惯如此的话)向买方提供按照 A3 订立的运输合同所涉及的通常运输单据(如可转让提单、不可转让海运单、内河运输单据、空运货运单、铁路运单、公路运单或多式联运单据)。

如买卖双方约定使用电子方式通讯,则前项所述单据可以由具有同等作用的电子数据交换(EDI)讯息代替。

B8　交货凭证、运输单据或有同等作用的电子讯息

买方必须接受按照 A8 规定提供的运输单据,如果该单据符合合同规定的话。

A9　查对、包装、标记

卖方必须支付为按照 A4 规定交货所需进行的查对费用(如核对货物品质、丈量、过磅、点数的费用)。

卖方必须自付费用,提供符合其安排的运输所要求的包装(除非按照相关行业惯例该合同所描述的货物无需包装发运)。包装应作适当标记。

B9　货物检验

买方必须支付任何装运前检验费用,但出口国有关当局强制进行的检验除外。

A10　其他义务

应买方要求并由其承当风险和费用,卖方必须给予买方一切协助,以帮助买方取得由装运地国和/或原产地国所签发或传送的、为买方进口货物以能要求的和从他国过境所需的任何单据或有同等作用的电子讯息(A8 所列的除外)。

B10　其他义务

买方必须支付因获取 A10 所述单据或有同等作用的电子讯息所发生的一切费用,并偿付卖方因给予协助而发生费用。应卖方要求,买方必须向卖方提供办理投保所需用的信息。

CPT
运费付至（……指定目的地）

CARRIAGE PAID TO
（…named place of destination）

"运费付至(……指定地点)"是指卖方向其指定的承运人交货,但卖方还必须支付将货物运至目的地的运费。亦即买方承担交货之后一切风险和其他费用。

"承运人"是指任何人,在运输合同中,承诺通过铁路、公路、空运、海运、内河运输或上述运输的联合方式履行运输或由他人履行运输。如果还使用接运的承运人将货物运至约定目的地,则风险自货物交给第一承运人时转移。

CPT 术语要求卖方办理出口清关手续。

该术语可适用于各种运输方式,包括多式联运。

A 卖方义务

B 买方义务

A1 提供符合合同规定的货物

卖方必须提供符合销售合同规定的货物和商业发票或有同等作用的电子讯息,以及合同可能要求的、证明货物符合合同规定的其他任何凭证。

B1 支付价款

买方必须按照销售合同规定支付价款。

A2 许可证、其他许可和手续

卖方必须自担风险和费用,取得任何出口许可证或其他官方许可,并在需要办理海关手续时,办理货物出口货物所需的一切海关手续。

B2 许可证、其他许可和手续

买方必须自担风险和费用,取得任何进口许可证或其他官方许可,并在需要办理海关手续时,办理货物进口及从他国过境的一切海关手续。

A3 运输合同和保险合同

a）运输合同

卖方必须自付费用,按照通常条件订立运输合同,依通常路线及习惯方式,将货物运至指定的目的地的约定点。如未约定或按照惯例也无法确定具体交货点,则卖方可在指定的目的地选择最适合其目的的交货点。

b）保险合同

无义务。

B3 运输合同与保险合同

a）运输合同

无义务。

b）保险合同

无义务。

A4 交货

卖方必须向按照 A3 规定订立合同的承运人交货,或如还有接运的承运人时,则向第一承运人交货,以使货物在约定的日期或期限内运至指定的目的地的约定点。

B4 受领货物

买方必须在卖方已按照 A4 规定交货时受领货物,并在指定的目的地从承运人处收受货物。

A5 风险转移

除 B5 规定者外,卖方必须承担货物灭失或损坏的一切风险,直至已按照 A4 规定交货为止。

B5 风险转移

买方必须承当按照 A4 规定交货时起货物灭失或损坏的一切风险。

如买方未能按照 B7 规定给予卖方通知,则买方必须从约定的交货日期或交货期限届满之日起,承担货物灭失或损坏的一切风险,但以该项货物已正式划归合同项下,即清楚地划出或以其他方式确定为合同项下之货物为限。

A6 费用划分

除 B6 规定者外,卖方必须支付

直至按照 A4 规定交货之时与货物有关的一切费用,以及按照 A3a)规定所发生的运费和其他一切费用,包括根据运输合同规定由卖方支付的装货费和在目的地的卸货费;及

在需要办理海关手续时,货物出口需要办理的海关手续费用及出口时应交纳的一切关税、税款和其他费用,以及根据运输合同规定,由卖方支付的货物从他国过境的费用。

B6 费用划分

除 A3a)规定外,买方必须支付

自按照 A4 规定交货时起的一切费用;及

货物在运输途中直至到达目的地为止的一切费用,除非这些费用根据运输合同应由卖方支付;及

卸货费,除非根据运输合同应由卖方支付;及如买方未按照 B7 规定给予卖方通知,则自约定的装运日期或装运期限届满之日起,货物所发生的一切额外费用,但以该项货物已正式划归合同项下,即清楚地划出或以其他方式确定为合同项下之货物为限;及

在需要办理海关手续时,货物进口应交纳的一切关税、税款和其他费用,及办理海关手续的费用,以及从他国过境的费用,除非这些费用已包括在运输合同中。

A7 通知买方

卖方必须给予买方说明货物已按照 A4 规定交货的充分通知,以及要求的任何其他通知,以便买方能够为受领货物采取通常必要的措施。

B7 通知卖方

一旦买方有权决定发送货物的时间和/或目的地,买方必须就此给予卖方充分通知。

A8 交货凭证、运输单据或有同等作用的电子讯息

卖方必须自付费用(如果习惯如此的话)向买方提供按照 A3 订立的运输合同所涉的

通常运输单据(如可转让提单、不可转让海运单、内河运输单据、空运货运单、铁路运单、公路运单或多式联运单据)。

如买卖双方约定使用电子方式通讯,则前项所述单据可以由具有同等作用的电子数据交换(EDI)讯息代替。

B8　交货凭证、运输单据或有同等作用的电子讯息

买方必须接受按照 A8 规定提供的运输单据,如果该单据符合合同规定的话。

A9　查对、包装、标记

卖方必须支付为按照 A4 规定交货所需进行的查对费用(如核对货物品质、丈量、过磅、点数的费用)。

卖方必须自付费用,提供符合其安排的运输所要求的包装(除非按照相关行业惯例该合同所描述货物无需包装发运)。包装应作适当标记。

B9　货物检验

买方必须支付任何装运前检验的费用,但出口国有关当局强制进行的检验除外。

A10　其他义务

应买方要求并由其承当风险和费用,卖方必须给予买方一切协助,以帮助买方取得由装运地国和/或原产地国所签发或传送的、为买方进口货物可能要求的和必要时从他国过境所需的任何单据或有同等作用的电子讯息(A8 所列的除外)。

应买方要求,卖方必须向买方提供投保所需的信息。

B10　其他义务

买方必须支付因获取 A10 所述单据或有同等作用的电子讯息所发生的一切费用,并偿付卖方因给予协助而发生的费用。

附录三
《跟单信用证统一惯例(UCP600)》

第一条

UCP 的适用范围《跟单信用证统一惯例——2007 年修订本,国际商会第 600 号出版物》(简称"UCP")乃一套规则,适用于所有的其文本中明确表明受本惯例约束的跟单信用证(下称信用证)(在其可适用的范围内,包括备用信用证)。除非信用证明确修改或排除,本惯例各条文对信用证所有当事人均具有约束力。

第二条　定义

就本惯例而言:

通知行　指应开证行的要求通知信用证的银行。

申请人　指要求开立信用证的一方。

银行工作日　指银行在其履行受本惯例约束的行为的地点通常开业的一天。

受益人　指接受信用证并享受其利益的一方。

相符交单　指与信用证条款、本惯例的相关适用条款以及国际标准银行实务一致的交单。

保兑　指保兑行在开证行承诺之外作出的承付或议付相符交单的确定承诺。

保兑行　指根据开证行的授权或要求对信用证加具保兑的银行。

信用证　指一项不可撤销的安排,无论其名称或描述如何,该项安排构成开证行对相符交单予以承付的确定承诺。

承付　指:

a. 如果信用证为即期付款信用证,则即期付款。

b. 如果信用证为延期付款信用证,则承诺延期付款并在承诺到期日付款。

c. 如果信用证为承兑信用证,则承兑受益人开出的汇票并在汇票到期日付款。

开证行　指应申请人要求或者代表自己开出信用证的银行。

议付　指指定银行在相符交单下,在其应获偿付的银行工作日当天或之前向受益人预付或者同意预付款项,从而购买汇票(其付款人为指定银行以外的其他银行)及/或单据的行为。

指定银行　指信用证可在其处兑用的银行,如信用证可在任一银行兑用,则任何银行均为指定银行。

交单　指向开证行或指定银行提交信用证项下单据的行为,或指按此方式提交的单据。

交单人　指实施交单行为的受益人、银行或其他人。

第三条　解释

就本惯例而言:

如情形适用,单数词形包含复数含义,复数词形包含单数含义。

信用证是不可撤销的,即使未如此表明。

单据签字可用手签、摹样签字、穿孔签字、印戳、符号或任何其他机械或电子的证实方法为之。

诸如单据须履行法定手续、签证、证明等类似要求，可由单据上任何看似满足该要求的签字、标记、印戳或标签来满足。

一家银行在不同国家的分支机构被视为不同的银行。

用诸如"第一流的"、"著名的"、"合格的"、"独立的"、"正式的"、"有资格的"或"本地的"等词语描述单据的出单人时，允许除受益人之外的任何人出具该单据。

除非要求在单据中使用，否则诸如"迅速地"、"立刻地"或"尽快地"等词语将被不予理会。

"在或大概在(on or about)"或类似用语将被视为规定事件发生在指定日期的前后五个日历日之间，起讫日期计算在内。"至(to)"、"直至(until、till)"、"从……开始(from)"及"在……之间(between)"等词用于确定发运日期时包含提及的日期，使用"在……之前(before)"及"在……之后(after)"时则不包含提及的日期。"从……开始(from)"及"在……之后(after)"等词用于确定到期日时不包含提及的日期。"前半月"及"后半月"分别指一个月的第一日到第十五日及第十六日到该月的最后一日，起讫日期计算在内。

一个月的"开始(beginning)"、"中间(middle)"及"末尾(end)"分别指第一到第十日、第十一日到第二十日及第二十一日到该月的最后一日，起讫日期计算在内。

第四条　信用证与合同

a. 就其性质而言，信用证与可能作为其开立基础的销售合同或其他合同是相互独立的交易，即使信用证中含有对此类合同的任何援引，银行也与该合同无关，且不受其约束。因此，银行关于承付、议付或履行信用证项下其他义务的承诺，不受申请人基于与开证行或与受益人之间的关系而产生的任何请求或抗辩的影响。

受益人在任何情况下不得利用银行之间或申请人与开证行之间的合同关系。

b. 开证行应劝阻申请人试图将基础合同、形式发票等文件作为信用证组成部分的做法。

第五条　单据与货物、服务或履约行为

银行处理的是单据，而不是单据可能涉及的货物、服务或履约行为。

第六条　兑用方式、截止日和交单地点

a. 信用证必须规定可在其处兑用的银行，或是否可在任一银行兑用。规定在指定银行兑用的信用证同时也可以在开证行兑用。

b. 信用证必须规定其是以即期付款、延期付款、承兑还是议付的方式兑用。

c. 信用证不得开成凭以申请人为付款人的汇票兑用。

d. i. 信用证必须定一个交单的截止日。规定的承付或议付的截止日将被视为交单的截止日。

ii. 可在其处兑用信用证的银行所在地即为交单地点。可在任一银行兑用的信用证其交单地点为任一银行所在地。除规定的交单地点外，开证行所在地也是交单地点。

e. 除非如第二十九条a款规定的情形，否则受益人或者代表受益人的交单应在截止日当天或之前完成。

第七条　开证行责任

a. 只要规定的单据提交给指定银行或开证行,并且构成相符交单,则开证行必须承付,如果信用证为以下情形之一:

ⅰ. 信用证规定由开证行即期付款,延期付款或承兑;

ⅱ. 信用证规定由指定银行即期付款但其未付款;

ⅲ. 信用证规定由指定银行延期付款但其未承诺延期付款,或虽已承诺延期付款,但未在到期日付款;

ⅳ. 信用证规定由指定银行承兑,但其未承兑以其为付款人的汇票,或虽然承兑了汇票,但未在到期日付款;

ⅴ. 信用证规定由指定银行议付但其未议付;

b. 开证行自开立信用证之时起即不可撤销地承担承付责任。

c. 指定银行承付或议付相符交单并将单据转给开证行之后,开证行即承担偿付该指定银行的责任。对承兑或延期付款信用证下相符交单金额的偿付应在到期日办理,无论指定银行是否在到期日之前预付或购买了单据。开证行偿付指定银行的责任独立于开证行对受益人的责任。

第八条　保兑行责任

a. 只要规定的单据提交给保兑行,或提交给其他任何指定银行,并且构成相符交单,保兑行必须:

ⅰ. 承付,如果信用证为以下情形之一:

a) 信用证规定由保兑行即期付款、延期付款或承兑;

b) 信用证规定由另一指定银行延期付款,但其未付款;

c) 信用证规定由另一指定银行延期付款,但其未承诺延期付款,或虽已承诺延期付款但未在到期日付款;

d) 信用证规定由另一指定银行承兑,但其未承兑以其为付款人的汇票,或虽已承兑汇票未在到期日付款;

e) 信用证规定由另一指定银行议付,但其未议付。

ⅱ. 无追索权地议付,如果信用证规定由保兑行议付。

b. 保兑行自对信用证加具保兑之时起即不可撤销地承担承付或议付的责任。

c. 其他指定银行承付或议付相符交单并将单据转往保兑行之后,保兑行即承担偿付该指定银行的责任。对承兑或延期付款信用证下相符交单金额的偿付应在到期日办理,无论指定银行是否在到期日之前预付或购买了单据。保兑行偿付指定银行的责任独立于保兑行对受益人的责任。

d. 如果开证行授权或要求一银行对信用证加具保兑,而其并不准备照办,则其必须毫不延误地通知开证行,并可通知此信用证而不加保兑。

第九条　信用证及其修改的通知

a. 信用证及其任何修改可以经由通知行通知给受益人。非保兑行的通知行通知信用及修改时不承担承付或议付的责任。

b. 通知行通知信用证或修改的行为表示其已确信信用证或修改的表面真实性,而且其通知准确地反映了其收到的信用证或修改的条款。

c. 通知行可以通过另一银行("第二通知行")向受益人通知信用证及修改。第二通知行通知信用证或修改的行为表明其已确信收到的通知的表面真实性,并且其通知准确地反映了收到的信用证或修改的条款。

d. 经由通知行或第二通知行通知信用证的银行必须经由同一银行通知其后的任何修改。

e. 如一银行被要求通知信用证或修改但其决定不予通知,则应毫不延误地告知自其处收到信用证、修改或通知的银行。

f. 如一银行被要求通知信用证或修改但其不能确信信用证、修改或通知的表面真实性,则应毫不延误地通知看似从其处收到指示的银行。如果通知行或第二通知行决定仍然通知信用证或修改,则应告知受益人或第二通知行其不能确信信用证、修改或通知的表面真实性。

第十条　修改

a. 除第三十八条别有规定者外,未经开证行、保兑行(如有的话)及受益人同意,信用证既不得修改,也不得撤销。

b. 开证行自发出修改之时起,即不可撤销地受其约束。保兑行可将其保兑扩展至修改,并自通知该修改时,即不可撤销地受其约束。但是,保兑行可以选择将修改通知受益人而不对其加具保兑。若然如此,其必须毫不延误地将此告知开证行,并在其给受益人的通知中告知受益人。

c. 在受益人告知通知修改的银行其接受该修改之前,原信用证(或含有先前被接受的修改的信用证)的条款对受益人仍然有效。受益人应提供接受或拒绝修改的通知。如果受益人未能给予通知,当交单与信用证以及尚未表示接受的修改的要求一致时,即视为受益人已作出接受修改的通知,并且从此时起,该信用证被修改。

d. 通知修改的银行应将任何接受或拒绝的通知转告发出修改的银行。

e. 对同一修改的内容不允许部分接受,部分接受将被视为拒绝修改的通知。

f. 修改中关于除非受益人在某一时间内拒绝修改否则修改生效的规定应被不予理会。

第十一条　电讯传输的和预先通知的信用证和修改

a. 以经证实的电讯方式发出的信用证或信用证修改即被视为有效的用证或修改文据,任何后续的邮寄确认书应被不予理会。

如电讯声明"详情后告"(或类似用语)或声明以邮寄确认书为有效信用证或修改,则该电讯不被视为有效信用证或修改。开证行必须随即不迟延地开立有效信用证或修改,其条款不得与该电讯矛盾。

b. 开证行只有在准备开立有效信用证或作出有效修改时,才可以发出关于开立或修改信用证的初步通知(预先通知)。开证行作出该预先通知,即不可撤销地保证不迟延地开立或修改信用证,且其条款不能与预先通知相矛盾。

第十二条　指定

a. 除非指定银行为保兑行,对于承付或议付的授权并不赋予指定银行承付或议付的义务,除非该指定银行明确表示同意并且告知受益人。

b. 开证行指定一银行承兑汇票或作出延期付款承诺,即为授权该指定银行预付或购买其已承兑的汇票或已作出的延期付款承诺。

c. 非保兑行的指定银行收到或审核并转递单据的行为并不使其承担承付或议付的责任,也不构成其承付或议付的行为。

第十三条　银行之间的偿付安排

a. 如果信用证规定指定银行("索偿行")向另一方("偿付行")获取偿付时,必须同时规定该偿付是否按信用证开立时有效的 ICC 银行间偿付规则进行。

b. 如果信用证没有规定偿付遵守 ICC 银行间偿付规则,则按照以下规定:

ⅰ. 开证行必须给予偿付行有关偿付的授权,授权应符合信用证关于兑用方式的规定,且不应设定截止日。

ⅱ. 开证行不应要求索偿行向偿付行提供与信用证条款相符的证明。

ⅲ. 如果偿付行未按信用证条款见索即偿,开证行将承担利息损失以及产生的任何其他费用。

ⅳ. 偿付行的费用应由开证行承担。然而,如果此项费用由受益人承担,开证行有责任在信用证及偿付授权中注明。如果偿付行的费用由受益人承担,该费用应在偿付时从付给索偿行的金额中扣取。如果偿付未发生,偿付行的费用仍由开证行负担。

c. 如果偿付行未能见索即偿,开证行不能免除偿付责任。

第十四条　单据审核标准

a. 按指定行事的指定银行、保兑行(如果有的话)及开证行须审核交单,并仅基于单据本身确定其是否在表面上构成相符交单。

b. 按指定行事的指定银行、保兑行(如有的话)及开证行各有从交单次日起至多五个银行工作日用以确定交单是否相符。这一期限不因在交单日当天或之后信用证截止日或最迟交单日届至而受到缩减或影响。

c. 如果单据中包含一份或多份受第十九、二十、二十一、二十二、二十三、二十四或二十五条规制的正本运输单据,则须由受益人或其代表在不迟于本惯例所指的发运日之后的二十一个日历日内交单,但是在任何情况下都不得迟于信用证的截止日。

d. 单据中的数据,在与信用证、单据本身以及国际标准银行实务参照解读时,无须与该单据本身中的数据、其他要求的单据或信用证中的数据等同一致,但不得矛盾。

e. 除商业发票外,其他单据中的货物、服务或履约行为的描述,如果有的话,可使用与信用证中的描述不矛盾的概括性用语。

f. 如果信用证要求提交运输单据、保险单据或者商业发票之外的单据,却未规定出单人或其数据内容,则只要提交的单据内容看似满足所要求单据的功能,其他方面符合第十四条 d 款,银行将接受该单据。

g. 提交的非信用证所要求的单据将被不予理会,并可被退还给交单人。

h. 如果信用证含有一项条件,但未规定用以表明该条件得到满足的单据,银行将视为未作规定并不予理会。

i. 单据日期可以早于信用证的开立日期,但不得晚于交单日期。

j. 当受益人和申请人的地址出现在任何规定的单据中时,无须与信用证或其他规定单据中所载相同,但必须与信用证中规定的相应地址同在一国。联络细节(传真、电话、电子邮件及类似细节)作为受益人和申请人地址的一部分时将被不予理会。然而,如果申请人的地址和联络细节为第十九、二十、二十一、二十二、二十三、二十四或二十五条规定的运输单据上的收货人或通知方细节的一部分时,应与信用证规定的相同。

k. 在任何单据中注明的托运人或发货人无须为信用证的受益人。

l. 运输单据可以由任何人出具,无须为承运人、船东、船长或租船人,只要其符合第十九、二十、二十一、二十二、二十三或二十四条的要求。

第十五条 相符交单

a. 当开证行确定交单相符时,必须承付。

b. 当保兑行确定交单相符时,必须承付或者议付并将单据转递给开证行。

c. 当指定银行确定交单相符并承付或议付时,必须将单据转递给保兑行或开证行。

第十六条 不符单据、放弃及通知

a. 当按照指定行事的指定银行、保兑行(如有的话)或者开证行确定交单不符时,可以拒绝承付或议付。

b. 当开证行确定交单不符时,可以自行决定联系申请人放弃不符点。然而这并不能延长第十四条 b 款所指的期限。

c. 当按照指定行事的指定银行、保兑行(如有的话)或开证行决定拒绝承付或议付时,必须给予交单人一份单独的拒付通知。

该通知必须声明:

ⅰ. 银行拒绝承付或议付;及

ⅱ. 银行拒绝承付或者议付所依据的每一个不符点;及

ⅲ. a) 银行留存单据听候交单人的进一步指示;或者

b) 开证行留存单据直到其从申请人处接到放弃不符点的通知并同意接受该放弃,或者其同意接受对不符点的放弃之前从交单人处收到其进一步指示;或者

c) 银行将退回单据;或者

d) 银行将按之前从交单人处获得的指示处理。

d. 第十六条 c 款要求的通知必须以电讯方式,如不可能,则以其他快捷方式,在不迟于自交单之翌日起第五个银行工作日结束前发出。

e. 按照指定行事的指定银行、保兑行(如有的话)或开证行在按照第十六条 c 款ⅲ项a)或 b)发出了通知后,可以在任何时候将单据退还交单人。

f. 如果开证行或保兑行未能按照本条行事,则无权宣称交单不符。

g. 当开证行拒绝承付或保兑行拒绝承付或者议付,并且按照本条发出了拒付通知

后,有权要求返还已偿付的款项及利息。

第十七条 正本单据及副本

a. 信用证规定的每一种单据须至少提交一份正本。

b. 银行应将任何带有看似出单人的原始签名、标记、印戳或标签的单据视为正本单据,除非单据本身表明其非正本。

c. 除非单据本身另有说明,在以下情况下,银行也将其视为正本单据:

ⅰ. 单据看似由出单人手写、打字、穿孔或盖章;或者

ⅱ. 单据看似使用出单人的原始信纸出具;或者

ⅲ. 单据声明其为正本单据,除非该声明看似不适用于提交的单据。

d. 如果信用证要求提交单据的副本,提交正本或副本均可。

e. 如果信用证使用诸如"一式两份(in duplicate)"、"两份(in two fold)"、"两套(in two copies)"等用语要求提交多份单据,则提交至少一份正本,其余使用副本即可满足要求,除非单据本身另有说明。

第十八条 商业发票

a. 商业发票:

ⅰ. 必须看似由受益人出具(第三十八条规定的情形除外);

ⅱ. 必须出具成以申请人为抬头(第三十八条 g 款规定的情形除外);

ⅲ. 必须与信用证的货币相同;且

ⅳ. 无须签名

b. 按指定行事的指定银行、保兑行(如有的话)或开证行可以接受金额大于信用证允许金额的商业发票,其决定对有关各方均有约束力,只要该银行对超过信用证允许金额的部分未作承付或者议付。

c. 商业发票上的货物、服务或履约行为的描述应该与信用证中的描述一致。

第十九条 涵盖至少两种不同运输方式的运输单据

a. 涵盖至少两种不同运输方式的运输单据(多式或联合运输单据),无论名称如何,必须看似:

ⅰ. 表明承运人名称并由以下人员签署:

* 承运人或其具名代理人,或

* 船长或其具名代理人。

* 承运人、船长或代理人的任何签字,必须标明其承运人、船长或代理人的身份。

代理人签字必须表明其系代表承运人还是船长签字。

ⅱ. 通过以下方式表明货运站物已经在信用证规定的地点发送、接管或已装船。

* 事先印就的文字,或者

* 表明货物已经被发送、接管或装船日期的印戳或批注。

运输单据的出具日期将被视为发送、接管或装船的日期,也即发运的日期。然而如单据以印戳或批注的方式表明了发送、接管或装船日期,该日期将被视为发运日期。

ⅲ. 表明信用证规定的发送、接管或发运地点,以及最终目的地,即使:

a）该运输单据另外还载明了一个不同的发送、接管或发运地点或最终目的地,或者,

b）该运输单据载有"预期的"或类似的关于船只、装货港或卸货港的限定语。

ⅳ. 为唯一的正本运输单据,或者,如果出具为多份正本,则为运输单据中表明的全套单据。

ⅴ. 载有承运条款和条件,或提示承运条款和条件参见别处(简式/背面空白的运输单据)。银行将不审核承运条款和条件的内容。

ⅵ. 未表明受租船合同约束。

b. 就本条而言,转运指在从信用证规定的发送、接管或者发运地点最终目的地的运输过程中从某一运输工具上卸下货物并装上另一运输工具的行为(无论其是否为不同的运输方式)。

c. ⅰ. 运输单据可以表明货物将要或可能被转运,只要全程运输由同一运输单据涵盖。

ⅱ. 即使信用证禁止转运,注明将要或者可能发生转运的运输单据仍可接受。

第二十条 提单

a. 提单,无论名称如何,必须看似:

ⅰ. 表明承运人名称,并由下列人员签署:

* 承运人或其具名代理人,或者

* 船长或其具名代理人。

* 承运人,船长或代理人的任何签字必须标明其承运人,船长或代理人的身份。

* 代理人的任何签字必须标明其系代表承运人还是船长签字。

ⅱ. 通过以下方式表明货物已在信用证规定的装货港装上具名船只:

* 预先印就的文字,或已装船批注注明货物的装运日期。

* 提单的出具日期将被视为发运日期,除非提单载有表明发运日期的已装船批注,此时已装船批注中显示的日期将被视为发运日期。

* 如果提单载有"预期船只"或类似的关于船名的限定语,则需以已装船批注明确发运日期以及实际船名。

ⅲ. 表明货物从信用证规定的装货港发运至卸货港。

如果提单没有表明信用证规定的装货港为装货港,或者其载有"预期的"或类似的关于装货港的限定语,则需以已装船批注表明信用证规定的装货港、发运日期以及实际船名。即使提单以事先印就的文字表明了货物已装载或装运于具名船只,本规定仍适用。

ⅳ. 为唯一的正本提单,或如果以多份正本出具,为提单中表明的全套正本。

ⅴ. 载有承运条款和条件,或提示承运条款和条件参见别处(简式/背面空白的提单)。银行将不审核承运条款和条件的内容。

ⅵ. 未表明受租船合同约束。

b. 就本条而言,转运系指在信用证规定的装货港到卸货港之间的运输过程中,将货物从一船卸下并再装上另一船的行为。

c. ⅰ. 提单可以表明货物将要或可能被转运,只要全程运输由同一提单涵盖。

ⅱ．即使信用证禁止转运,注明将要或可能发生转运的提单仍可接受,只要其表明货物由集装箱、拖车或子船运输。

d．提单中声明承运人保留转运权利的条款将被不予理会。

第二十一条　不可转让的海运单

a．不可转让的海运单,无论名称如何,必须看似:

ⅰ．表明承运人名称并由下列人员签署:

＊承运人或其具名代理人,或者船长或其具名代理人。承运人、船长或代理人的任何签字必须标明其承运人、船长或代理人的身份。

＊代理签字必须标明其系代表承运人还是船长签字。

ⅱ．通过以下方式表明货物已在信用证规定的装货港装上具名船只:

＊预先印就的文字,或者已装船批注表明货物的装运日期。不可转让海运单的出具日期将被视为发运日期,除非其上带有已装船批注注明发运日期,此明已装船批注注明的日期将被视为发运日期。

＊如果不可转让海运单载有"预期船只"或类似的关于船名的限定语,则需要以已装船批注表明发运日期和实际船名。

ⅲ．表明货物从信用证规定的装货港发运至卸货港。

如果不可转让海运单未以信用证规定的装货港为装货港,或者如果其载有"预期的"或类似的关于装货港的限定语,则需要以已装船批注表明信用证规定的装货港、发运日期和船只。即使不可转让海运单以预先印就的文字表明货物已由具名船只装载或装运,本规定也适用。

ⅳ．为唯一的正本不可转让海运单,或如果以多份正本出具,为海运单上注明的全套正本。

ⅴ．载有承运条款的条件,或提示承运条款和条件参见别处(简式/背面空白的海运单)。银行将不审核承运条款和条件的内容。

ⅵ．未注明受租船合同约束。

b．就本条而言,转运系指在信用证规定的装货港到卸货之间的运输过程中,将货物从一船卸下并装上另一船的行为。

c．ⅰ．不可转让海运单可以注明货物将要或可能被转运,只要全程运输由同一海运单涵盖。

ⅱ．即使信用证禁止转运,注明转运将要或可能发生的不可转让的海运单仍可接受,只要其表明货物装于集装箱,拖船或子船中运输。

d．不可转让的海运单中声明承运人保留转运权利条款将被不予理会。

第二十二条　租船合同提单

a．表明其受租船合同约束的提单(租船合同提单),无论名称如何,必须看似:

ⅰ．由以下员签署:

＊船长或其具名代理人,或船东或其具有名代理人,或租船人或其具有名代理人。

＊船长、船东、租船人或代理人的任何签字必须标明其船长、船东、租船人或代理人的

身份。代理人签字必须表明其系代表船长、船东还是租船人签字。

＊ 代理人代表船东或租船人签字时必须注明船东或租船人的名称。

ⅱ．通过以下方式表明货物已在信用证规定的装货港装上具名船只：

＊ 预先印就的文字，或者

＊ 已装船批注注明货物的装运日期

租船合同提单的出具日期将被视为发运日期，除非租船合同提单载有已装船批注注明发运日期，此时已装船批注上注明的日期将被视为发运日期。

ⅲ．表明货物从信用证规定的装货港发运至卸货港。卸货港也可显示为信用证规定的港口范围或地理区域。

ⅳ．为唯一的正本租船合同提单，或如以多份正本出具，为租船合同提单注明的全套正本。

b．银行将不审核租船合同，即使信用证要求提交租船合同。

第二十三条　空运单据

a．空运单据，无论名称如何，必须看似：

ⅰ．表明承运人名称，并由以下人员签署：

＊ 承运人，或承运人的具名代理人。

＊ 承运人或其代理人的任何签字必须标明其承运人或代理人的身份。

＊ 代理人签字必须表明其系代表承运人签字。

ⅱ．表明货物已被收妥待运。

ⅲ．表明出具日期。该日期将被视为发运日期，除非空运单据载有专门批注注明实际发运日期，此时批注中的日期将被视为发运日期。

空运单据中其他与航班号和航班日期相关的信息将不被用来确定发运日期。

ⅳ．表明信用证规定的起飞机场和目的地机场。

ⅴ．为开给发货人或托运人的正本，即使信用证规定提交全套正本。

ⅵ．载有承运条款和条件，或提示条款和条件参见别处。银行将不审核承运条款和条件的内容。

b．就本条而言，转运是指在信用证规定的起飞机场到目的地机场的运输过程中，将货物从一飞机卸下再装上另一飞机的行为。

c．ⅰ．空运单据可以注明货物将要或可能转运，只要全程运输由同一空运单据涵盖。

ⅱ．即使信用证禁止转运，注明将要或可能发生转运的空运单据仍可接受。

第二十四条　公路、铁路或内陆水运单据

a．公路、铁路或内陆水运单据，无论名称如何，必须看似：

ⅰ．表明承运人名称，并且由承运人或其具名代理人签署，或者由承运人或其具名代理人以签字、印戳或批注表明货物收讫。

承运人或其具名代理人的收货签字、印戳或批注必须标明其承运人或代理人的身份。

代理人的收货签字、印戳或批注必须标明代理人系代理承运人签字或行事。

如果铁路运输单据没有指明承运人，可以接受铁路运输公司的任何签字或印戳作为承运人签署单据的证据。

ⅱ.表明货物的信用规定地点的发运日期,或者收讫待运或待发送的日期。运输单据的出具日期将被视为发运日期,除非运输单据上盖有带日期的收货印戳,或注明了收货日期或发运日期。

ⅲ.表明信用证规定的发运地及目的地。

b.ⅰ.公路运输单据必须看似为开给发货人或托运人的正本,或没有任何标记表明单据开给何人。

ⅱ.注明"第二联"的铁路运输单据将被作为正本接受。

ⅲ.无论是否注明正本字样,铁路或内陆水运单据都被作为正本接受。

c.如运输单据上未注明出具的正本数量,提交的份数即视为全套正本。

d.就本条而言,转运是指在信用证规定的发运、发送或运送的地点到目的地之间的运输过程中,在同一运输方式中从一运输工具卸下再装上另一运输工具的行为。

e.ⅰ.只要全程运输由同一运输单据涵盖,公路、铁路或内陆水运单据可以注明货物将要或可能被转运。

ⅱ.即使信用证禁止转运,注明将要或可能发生转运的公路、铁路或内陆水运单据仍可接受。

第二十五条　快递收据、邮政收据或投邮证明

a.证明货物收讫待运的快递收据,无论名称如何,必须看似:

ⅰ.表明快递机构的名称,并在信用证规定的货物发运地点由该具名快递机构盖章或签字;并且

ⅱ.表明取件或收件的日期或类似词语,该日期将被视为发运日期。

b.如果要求显示快递费用付讫或预付,快递机构出具的表明快递费由收货人以外的一方支付的运输单据可以满足该项要求。

c.证明货物收讫待运的邮政收据或投邮证明,无论名称如何,必须看似在信用证规定的货物发运地点盖章或签署并注明日期。该日期将被视为发运日期。

第二十六条　"货装舱面"、"托运人装载和计数"、"内容据托运人报称"及运费之外的费用

a.运输单据不得表明货物装于或者将装于舱面。声明货物可能装于舱面的运输单据条款可以接受。

b.载有诸如"托运人装载和计数"或"内容据托运人报称"条款的运输单据可以接受。

c.运输单据上可以以印戳或其他方法提及运费之外的费用。

第二十七条　清洁运输单据

银行只接受清洁运输单据,清洁运输单据指未载有明确宣称货物或包装有缺陷的条款或批注的运输单据。"清洁"一词并不需要在运输单据上出现,即使信用证要求运输单据为"清洁已装船"的。

第二十八条　保险单据及保险范围

a.保险单据,例如保险单或预约保险项下的保险证明书或者声明书,必须看似由保险

公司或承保人或其代理人或代表出具并签署。

b. 如果保险单据表明其以多份正本出具,所有正本均须提交。

c. 暂保单将不被接受。

d. 可以接受保险单代预约保险项下的保险证明书或声明书。

e. 保险单据日期不得晚于发运日期,除非保险单据表明保险责任不迟于发运日生效。

f. ⅰ.保险单据必须表明投保金额并以与信用证相同的货币表示。

ⅱ.信用证对于投保金额为货物价值、发票金额或类似金额的某一比例的要求,将被视为对最低保额的要求。

如果信用证对投保金额未做规定,投保金额须至少为货物的 CIF 或 CIP 价格的110%。如果从单据中不能确定 CIF 或者 CIP 价格,投保金额必须基于要求承付或议付的金额,或者基于发票上显示的货物总值来计算,两者之中取金额较高者。

ⅲ.保险单据须表明承保的风险区间至少涵盖从信用证规定的货物接管地或发运地开始到卸货地或最终目的地为止。

g. 信用证应规定所需投保的险别及附加险(如有的话)。如果信用证使用诸如"通常风险"或"惯常风险"等含义不确切的用语,则无论是否有漏保之风险,保险单据将被照样接受。

h. 当信用证规定投保"一切险"时,如保险单据载有任何"一切险"批注或条款,无论是否有"一切险"标题,均将被接受,即使其声明任何风险除外。

i. 保险单据可以援引任何除外条款。

j. 保险单据可以注明受免赔率或免赔额(减除额)约束。

第二十九条　截止日或最迟交单日的顺延

a. 如果信用证的截止日或最迟交单日适逢接受交单的银行非因第三十六条所述原因而歇业,则截止日或最迟交单日,视何者适用,将顺延至其重新开业的第一个银行工作日。

b. 如果在顺延后的第一个银行工作日交单,指定银行必须在其致开证行或保兑行的面函中声明交单是在根据第二十九条 a 款顺延的期限内提交的。

c. 最迟发运日不因第二十九条 a 款规定的原因而顺延。

第三十条　信用证金额、数量与单价的伸缩度

a. "约"或"大约"用于信用证金额或信用证规定的数量或单价时,应解释为允许有关金额或数量或单价有不超过 10％的增减幅度。

b. 在信用证未以包装单位件数或货物自身件数的方式规定货物数量时,货物数量允许有 5％的增减幅度,只要总支取金额不超过信用证金额。

c. 如果信用证规定了货物数量,而该数量已全部发运,及如果信用证规定了单价,而该单价又未降低,或当第三十条 b 款不适用时,则即使不允许部分装运,也允许支取的金额有 5％的减幅。若信用证规定有特定的增减幅度或使用第三十条 a 款提到的用语限定数量,则该减幅不适用。

第三十一条　部分支款或部分发运

a. 允许部分支款或部分发运。

b. 表明使用同一运输工具并经由同次航程运输的数套运输单据在同一次提交时,只要显示相同目的地,将不视为部分发运,即使运输单据上表明的发运日期不同或装货港、接管地或发运地点不同。如果交单由数套运输单据构成,其中最晚的一个发运日将被视为发运日。含有一套或数套运输单据的交单,如果表明在同一种运输方式下经由数件运输工具运输,即使运输工具在同一天出发运往同一目的地,仍将被视为部分发运。

c. 含有一份以上快递收据、邮政收据或投邮证明的交单,如果单据看似由同一快递或邮政机构在同一地点和日期加盖印戳或签字并且表明同一目的地,将不视为部分发运。

第三十二条　分期支款或分期发运

如信用证规定在指定的时间段内分期支款或分期发运,任何一期未按信用证规定期限支取或发运时,信用证对该期及以后各期均告失效。

第三十三条　交单时间

银行在其营业时间外无接受交单的义务。

第三十四条　关于单据有效性的免责

银行对任何单据的形式、充分性、准确性、内容真实性,虚假性或法律效力,或对单据中规定或添加的一般或特殊条件,概不负责;银行对任何单据所代表的货物、服务或其他履约行为的描述、数量、重量、品质、状况、包装、交付、价值或其存在与否,或对发货人、承运人、货运代理人、收货人、货物的保险人或其他任何人的诚信与否、作为或不作为、清偿能力、履约或资信状况,也概不负责。

第三十五条　关于信息传递和翻译的免责

当报文、信件或单据按照信用证的要求传输或发送时,或当信用证未作指示,银行自行选择传送服务时,银行对报文传输或信件或单据的递送过程中发生的延误、中途遗失、残缺或其他错误产生的后果,概不负责。

如果指定银行确定交单相符并将单据发往开证行或保兑行,无论指定银行是否已经承付或议付,开证行或保兑行必须承付或议付,或偿付指定银行,即使单据在指定银行送往开证行或保兑行的途中,或保兑行送往开证行的途中丢失。

银行对技术术语的翻译或解释上的错误,不负责任,并可不加翻译地传送信用证条款。

第三十六条　不可抗力

银行对由于天灾、暴动、骚乱、叛乱、战争、恐怖主义行为或任何罢工、停工或其无法控制的任何其他原因导致的营业中断的后果,概不负责。

银行恢复营业时,对于在营业中断期间已逾期的信用证,不再进行承付或议付。

第三十七条　关于被指示方行为的免责

a. 为了执行申请人的指示,银行利用其他银行的服务,其费用和风险由申请人承担。

b. 即使银行自行选择了其他银行,如果发出的指示未被执行,开证行或通知行对此亦不负责。

c. 指示另一银行提供服务的银行有责任负担被指示方因执行指示而发生的任何佣金、手续费、成本或开支("费用")。

如果信用证规定费用由受益人负担,而该费用未能收取或从信用证款项中扣除,开证行依然承担支付此费用的责任。

信用证或其修改不应规定向受益人的通知以通知行或第二通知行收到其费用为条件。

d. 外国法律和惯例加诸于银行的一切义务和责任,申请人应受其约束,并就此对银行负补偿之责。

第三十八条　可转让信用证

a. 银行无办理信用证转让的义务,除非其明确同意。

b. 就本条而言:

可转让信用证系指特别注明"可转让(transferable)"字样的信用证。可转让信用证可应受益人(第一受益人)的要求转为全部或部分由另一受益人(第二受益人)兑用。

转让行系指办理信用证转让的指定银行,或当信用证规定可在任何银行兑用时,指开证行特别如此授权并实际办理转让的银行。开证行也可担任转让行。

已转让信用证指已由转让行转为可由第二受益人兑用的信用证。

c. 除非转让时另有约定,有关转让的所有费用(诸如佣金、手续费,成本或开支)须由第一受益人支付。

d. 只要信用证允许部分支款或部分发运,信用证可以分部分地转让给数名第二受益人。已转让信用证不得应第二受益人的要求转让给任何其后受益人。第一受益人不视为其后受益人。

e. 任何转让要求须说明是否允许及在何条件下允许将修改通知第二受益人。已转让信用证须明确说明该项条件。

f. 如果信用证转让给数名第二受益人,其中一名或多名第二受益人对信用证修改的拒绝并不影响其他第二受益人接受修改。对接受者而言该已转让信用证即被相应修改,而对拒绝改的第二受益人而言,该信用证未被修改。

g. 已转让信用证须准确转载原证条款,包括保兑(如果有的话),但下列项目除外:

—信用证金额,

—规定的任何单价,

—截止日,

—交单期限,或

—最迟发运日或发运期间。

以上任何一项或全部均可减少或缩短。

必须投保的保险比例可以增加,以达到原信用证或本惯例规定的保险金额。可用第一受益人的名称替换原证中的开证申请人名称。

如果原证特别要求开证申请人名称应在除发票以外的任何单据出现时,已转让信用证必须反映该项要求。

h. 第一受益人有权以自己的发票和汇票(如有的话)替换第二受益人的发票的汇票,其金额不得超过原信用证的金额。经过替换后,第一受益人可在原信用证项下支取自己发票与第二受益人发票间的差价(如有的话)。

i. 如果第一受益人应提交其自己的发票和汇票(如有的话),但未能在第一次要求的照办,或第一受益人提交的发票导致了第二受益人的交单中本不存在的不符点,而其未能在第一次要求时修正,转让行有权将从第二受益人处收到的单据照交开证行,并不再对第一受益人承担责任。

j. 在要求转让时,第一受益人可以要求在信用证转让后的兑用地点,在原信用证的截止日之前(包括截止日),对第二受益人承付或议付。本规定并不得损害第一受益人在第三十八条 h 款下的权利。

k. 第二受益人或代表第二受益人的交单必须交给转让行。

第三十九条　款项让渡

信用证未注明可转让,并不影响受益人根据所适用的法律规定,将该信用证项下其可能有权或可能将成为有权获得的款项让渡给他人的权利。本条只涉及款项的让渡,而不涉及在信用证项下进行履行行为的权利让渡。